知られざる上州の民俗を訪ねて

民俗研究家
酒井正保

もくじ

表紙写真　吾妻川の筏師　野村源次郎さん

―出版に寄せて―

後世に残す貴重な文化資料

桑原　高良

「足で稼げ」の言葉を、記者時代に自らに課してきた私にとって、民謡収集で知られる民俗学研究家の酒井正保さんは、その先達のような人物だった。その原動力の源は、若き日に、民謡収集・研究や新民謡で知られる町田佳聲氏（伊勢崎市出身）の薫陶を受け、収集作業に同行したことに始まる。そこでの体験は、酒井さんの、後の活動に影響を与えた。地域に残る民謡や仕事唄、行事・風習など自らのフィールドワークによって収集。その貴重な民俗・芸能資料を新聞紙上に発表、それをもとに数多くの著作を世に問うてきた。その酒井さんが、今回また新たな世界を私たちに提示してくれた。

出版された『知られざる上州の民俗を訪ねて』は、昭和から平成にかけて上毛新聞紙上に掲載された酒井さんの調査・研究がもとになっている。紙面掲載時代順に紹介すると「狩猟の季節に思う」（昭和四十九年十月一日付～三回連載）「正月の子ども行事」（昭和五十年一月一日付から十回連載）、「埋もれた上州の民俗」（昭和六十二年四月から平成元年四月まで百回ほど連載）だ。

今回の出版に当たり、酒井さんは内容や地域性、季節などに配慮し、七十一編を抜粋、再構成し『知られざる上州の民俗を訪ねて』として一冊にまとめた。齢九十半ば、その執念にも似た出版への思いに頭が下がる。

載せられたそれぞれの項目は、民謡や仕事歌、童歌などから葬送、祭礼行事、地域の産業、風習・風俗など多彩な内容。いずれも酒井さんが現地に足を運び、聴き取りなどを通じて収集したものだ。既に、その行事や風習が途絶えたものや簡略化されてしまったものもある。地域に、収集した歌声が地域に響くことも少なくなった。当時、酒井さんが取材した地元の人たちの多くも今はいない。その意味からも、一冊の本として残してくれた功績は大きい。後世に残す貴重な文化資料といってよいだろう。本著をもとに研究・調査する若手が出てくるかもしれないのだから。

　酒井さんの熱い思いとともに、長年収集した資料（民謡、作業唄、童唄など）の今後も気になる。かつてご自宅を訪問した際に、膨大な録音テープ類、デンスケと称された録音機材を拝見し、長年の仕事量を推し量り、驚き、感心した体験がある。本著作も、あの膨大な資料の上に成り立っている。ぜひとも、関係者には、資料として残し有効活用してほしいと切望する。

（元上毛新聞記者、群馬ペンクラブ理事）

この本をお読みになる前に

群馬の民俗調査に入ったのは昭和二十四年の秋、大学一年生の時であった。恩師の町田佳聲先生に連れられて、雄大な赤城山のふもと勢多郡富士見村小暮の農家であった。この家の当主は初老の方で、春駒について・盆踊りの石ぶちのこと・口説き節等について語ってくれた。そしてその一つ一つの民俗にまつわる唄を枯れた伸びのある声で歌い続けた。初対面の方から見事に聞き出す町田先生の採集調査の鋭さに驚嘆した。

その後、時を見ては単独で時折り群馬の民俗調査に入る様になった。昭和二十年代当初、群馬の農村は藁屋根の家が多く桑園が延々と続き、更に作物を作る畠のめぐりにまで桑が繁茂していて、養蚕県群馬ならではを直感した。冬期に入ると落葉した桑の一株一株の枝を藁製のよつそで束ね、それが筆の穂先の様な形で桑園に行儀よく立ち並び、厳しい空っ風が株元の土を吹き浚《さら》い黄色い桑の根が痛々しく、これが群馬の冬期農村の風景であった。やがて群馬の民俗調査に少々深く携わる様になった。不思議だったのは原話者から調査を一度も拒《こば》まれたことが無かったことである。そして原話者から時折り「あんたあこんなことを聞いて、何んになるんだいのう」といわれたものだ。七十数年に渡って群馬の民俗の研究《しごと》に携わることの出来たのは、上州人（原話者）の心の暖かさに支えられてであり、只々深謝以外にない。

昭和三十年代末に入ると上毛新聞社から年の節目の民俗、例えば「正月のわらべうた」について書く様依頼があり、それに応え更にその後少々長い連載も書くに至った。この様なことが何年も続いた。しがない私どもに掲載依頼をして頂いた上毛新聞社に感謝。平成二十八年度上毛新聞より芸術文化賞を、更に同年県文学賞を受賞。私の拙い研究《しごと》をお認め下さいました事を只々申し訳なく思っている。

そしてこの度上毛新聞に掲載した群馬の民俗の中から七十一編を抜粋し出版の運びとなった。取り上げた民俗の中には時代の変遷と共にすでに消滅してしまったものも多々ある。例えば五〇頁の利根郡利根村穴原（現沼田市）の「笛のない獅子舞」。この獅子舞の笛方の名手が明治初年に突然急死、以後笛方の後継者がなく笛の旋律を獅子組の者が歌って獅子舞を継続して来た。この様な異質の伝承の仕方の獅子舞は他に例を見ない。

獅子舞は人が生きて行く上で欠かせない貴重な一領域を収めて来た。村に疫病が流行《はや》り村人の多くが病に侵《おか》され死に至る者が出ると、獅子舞は神社で神官の祝詞《のりと》とお払いを受け村の各家で獅子舞を行い、各家の獅子舞が済むと最後に村境に行き、荒い獅子舞を続ける。これは「疫病を村から他の地域へ追い払う」意図で、これを「疫病払いの獅子」と言う。なお旱魃《かんばつ》になり大切な作物が枯死するのを防ぐため、神社で祝詞とお払いを受け、近くの川か池に飛び込んで荒い獅子舞を舞い続ける。すると水神が「神聖な場を汚《けが》された」と怒り、雨を降らせてくれるのだと。これを「雨乞い獅子」と言う。

疫病が流行すれば疫病に侵されない様にとの祈りの中で「疫病払いの獅子」を、旱魃になれば雨が降ります様にとの祈りの中で「雨乞い獅子」を。この様に付帯目的の中での祈りから慈しみの心と郷土愛が生まれるのだ。医療等の乏しかった時代、獅子舞に頼って生きる以外にいたし方なかった事が知れて来る。この穴原の獅子舞は昭和四十年代に消滅してしまった。惜しまれてならない。

消滅の一途を辿《たど》ったのは大人の民俗のみではない。子どもの民俗も同様。子どもの民俗行事には正月の鳥追い・どんど焼き・秋の十五夜・十日夜《とうかんや》・冬の屋敷稲荷《いなり》等々。これら多くが消滅の一途を辿ってしまった。現在辛《かろ》うじてどんど焼きは自治会や子ども育成会の協力で実施されている所もある。

かつては地域の子どもだけでどんど焼きは行われて来た。村はずれか町境に高さ十メートル程のピラミッド形のどんど小屋を建て、小学校最上学年の者が親方と称してどんど焼き一切を取り仕切る。一月七日には松引きと言って各家の正月の飾り松の引き取りに行く。各家では松引き取りに来た子どもに「道祖神のさい銭」を与える。親方は集まった金で菓子代やしるこ代等どんど焼き一切の遣《や》り繰《く》りをする。親方になってはじめて「身上廻《しんしょうまわ》し」を覚えるのだ。他の子どもはどんど焼きを通して協力心と郷土愛を身につけるのである。

松引きで集めた松はどんど小屋の中に、他に持ち寄った書き初めやだるまはどんど小屋のまわりに吊るす。そして一月十四日夜半に小屋に点火する。点火直前に子どもたちは青竹に太鼓を結びつけ、太鼓に合わせて道祖神唄を歌いながら点火予告に地域を回る。地域の人々は太鼓の音を耳にすると小正月の餅・みかん・するめ等を持ち寄ってどんど小屋に集まり、どんど小屋の残り火で持ち寄った餅等を焼いてこれを食べる。するとその年病気に罹《かか》らないのだと。

この他どんど焼きでは一年間地域に居ついた邪鬼や疫病をどんど焼きで焼き払い、更に新年に他地域から侵入してくる「邪鬼や疫病を焼き払う」のだと。どんど小屋を村はずれに建てる意図が知れて来る。どんど焼きにはこの様な確固たる付帯目的「病気に罹らない様に等」の大事な祈りがあり、この祈りからやさしさや思いやりの心が生まれて来るのだ。なお新聞紙上ではスペースの関係上、より深く表現出来かねる部分もあり、この点はご了承願いたい。

本書に掲載のどの民俗にも確たる付帯目的が秘められており、上州の祖先たちが必死で伝承して来た貴重な民俗に少しでも注目して頂けますことをお勧め申し上げる次第である。

最後になりましたが、本書の出版にあたりかつて上毛新聞に連載で大変お世話になりました元上毛新聞社文化部長・現群馬ペンクラブ理事・群馬文学賞選考委員の桑原高良氏に暖かいおことばをお寄せ頂きました。なお、本書編集並びに出版完了に至るまでさまざまご配慮頂きました上毛新聞社出版編集部長の田島聡子氏、表紙及び扉字をお書き頂きました農民書家の高橋清城氏、何年にも渡って群馬の民俗を書かせて頂きました上毛新聞社、民俗調査でお世話になりました県内各地の原話者の方々、以上の皆さんに厚く感謝申し上げます。

令和六年　晩春

著者　**酒井正保**

川に出る時は命がけ

〈吾妻川の筏師たち〉

吾妻川の筏（いかだ）流しは、木流し職人が谷深くから引き出して来た木材を、吾妻町岩島に集めた。岩島には、かつて関敬助と言う木材を筏で送る問屋があった。吾妻川の筏流しは、ここからが多かった。筏師たちはそこを「櫓（ろ）の河岸」と呼んでいた。吾妻川の筏は、竹材を運ぶ筏師は千葉県野田市のしょうゆの樽製造所まで行ったが、木材の場合は岩島から前橋の大渡集木場までであった。岩島を朝出て中之条まで一日、翌日前橋までと二日がかりであった。

筏は一丈三尺の木材五本を一隻の筏とし、それを四隻連ねて一連の筏とした。筏の先端に一人と、後部に一人と計二人が乗って筏を流した。筏の先端に乗る者は筏師の中でも腕利きの者。後部に乗る者は新人かノロマの者であった。

筏流しには事故が付きものであった。雪しろ水の増水や、夏の夕立雨。長雨での増水のときは特に事故が多かった。また吾妻川には中之条の伊勢町、前橋の田口と小出に渡船（渡し）の太い針金が川岸から川岸に張ってあった。増水すると、その針金で筏師たちは川に投げ出されて、多くの者が命を失った。渡しの針金をくぐるときは、筏の上に素早くあお向けに寝る、そして、筏の上に常備してある短いテコ棒を取って腹の上にあてて、針金を除（よ）けるのである。この命がけの作業の一瞬の遅れが、渦巻く川水の中に投げ出され命を失う原因になるのだと言う。この悲惨な事故に合うのは、ほとんど筏の後部に乗っている者が多かった。

さらに川には難所が多く、古い杙（くい）や、川のまわしめ（川の急カーブの所）に、筏が衝突すると筏を縛ってある藤づるは切れ、木材は川に散乱し筏師は渦の中に消えてしまう時がある。このような事故にそなえて、数隻の筏が一群になって川を下り、事故の時は助け合うのである。

先端に乗る筏師は、川の特徴を良く知っていなければならなかった。川岸に突き出ている岩石にも「水吹き石」と「水引き石」があって、水吹き石は筏がその石に近づいても、石の周りを流れる水が、外に向かって流れているので、筏は石に激突することなく、安全であるが、水引き石は石の周りを流れる水が石に向かって吸い込まれるように流れているので、筏が近づくと、水引き石に激突し大きな事故を招くのである。先端に乗る筏師は、水引き石に近づくと、竹竿（ざお）を水引き石に突きあて、竿の片方は自分の下腹にあて、筏が石に激突しないように、力いっぱいに筏を石から離した。この時の竹竿はまるで弓のように丸くしなったと言う。

吾妻川の最後の筏師であった中之条町八区の野村源次郎さん（明治三十年生まれ）は「筏師は、川に出たら命があると思ったらだめ。川道と呼ばれる本流の川筋を、素直に筏を流すことが大事なことだ」と語ってくれた。野村源次郎さんが筏流しについて語るときの目は鋭い。

（一九八七年七月十四日掲載）

近親者を思いやる心

〈嬬恋村のもがり〉

信州に程近い吾妻郡嬬恋村には「もがり」がある。嬬恋村のもがりは墓の上に作る。山から直径四センチほどの木を切ってきて、それを材料にする。もがりの木の数は十三本以内で作るよう決まっているのだ。

子どもの墓のもがりは、おとなのものと異なり、丁寧に作るのが特徴である。骸（なきがら）を埋めた墓土の上は丸くドーム形の土山にし、もがりの材料の木で、作り上げるのである。そして、木と木の間は荒縄で結び、ドーム形に曲げた木の頂上のところから、おとなの頭大ほどの石を縄でしばり、ぶらさげておくのだ。これが子どものもがりなのである。

木と木の間を荒縄で結ぶのは、山犬（狼＝オオカミ）が、もがりの中に入って愛するわが子の骸を、食われないためだという。また、石をぶらさげるのも、もがりの中に狼が入り墓土を掘り始めると、ぶら下げた石に狼の頭が突き当たり、狼は逃げていってしまうからだという。

おとなのもがりは、山から切ってきた木を、墓の周りに刺し、頂上の部分を縄でしばる。木と木の部分はやはり縄で結ぶ。さらに狼よけのため墓穴掘りに使った鍬（くわ）の柄を切り、金具の部分だけを墓土の上に突き刺しておくのである。それは夜になって、月の光が鍬に反射し、その不気味な光で死体をあさりに来た狼は、山に逃げ帰るからだという。

おとなの墓には、もがりのそばに墓標を立てる。この墓標のことを、ここでは「塚がた」と呼んでいる。

もがりの木と木の間を荒縄で結ぶのも、もがりの頂上からぶら下げた石も、鍬の金具の部分を突き刺しておくのも、はたまた墓土の上に作る「もがり」そのものが、親族の骸を狼から守るためのものであり、これは嬬恋村の人々の共同体のやさしさなのであろう。

山深い嬬恋の地区で、このような「もがり」を始めたのは、それは古く大飢きんの年からだという。飢えで相次いで亡くなる村人を墓に埋葬しようとしたが、村人は飢えで墓穴を掘ることができず、浅穴にして埋葬したところ、狼が骸を掘り出し、愛する親族の遺体を食い荒らされてしまうのを見かねて、それから「もがり」を始め、それが今に至っているというのである。

もがりは本来、死者の近親者がひと七日や、四十九日までの一定期間を、死者の骸のそばに付き添って暮らすことをいうのである。古くは、骸のそばに「もがり宮」と呼ばれる仮小屋を造っての儀礼はあったが、やがてそれも禁止され、その後、現代に見るように葬家での通夜となり、もがりの形態はこのように浮動してきたのである。

嬬恋村のもがりは、単に狼よけの付帯目的とされるが、近親者を限りもなく思いやる心と、さらには、古く日本の常民の葬制の原点に迫ることができるような気がする。

（一九八七年四月二十八日掲載）

〈嬬恋村田代の両墓制〉

遺体、魂を別々に葬る

今年の盆も間近。盆になると墓参も多い。群馬県下には、一人の死者の墓を二つ作る地域が北群馬郡や利根郡、吾妻郡などのごく限られた地域に見ることができる。これを両墓制と呼ぶ。

両墓制の原点は、日本人の死生観である霊魂不滅の思想からきているもので、人間が死亡すると、その肉体は腐り消滅してしまうが、人間の魂は永遠に不滅であると考えてきた。

そのために、古代社会では死体は山頂か谷間へ捨てて来たのである。また川沿いの地域では川に流葬したのだ。

古代社会では、一般庶民は死体を墓に埋めることは許されなかった。このことは大化の改新後にできた「大宝令」の法律で、その中に「位」の無い者は、墓をもってはならないと書かれている。そのため死体は捨てる以外になかったのだ。死者の遺体を山に捨てる。ここを「山墓」とか「捨て墓」と呼んでいる。嬬恋村田代地区では、ここを「墓地」と呼んでいるのである。さらにもう一つの墓である魂を葬った所を「拝み墓」とか「里墓」と呼ぶが、田代地区ではここを「オハカ」と呼んでいるのである。この魂を葬った「オハカ」は、自分の住む近くにあるのが特徴である。

嬬恋村田代の「捨て墓（ボチ）」と「拝み墓（オハカ）」には、特殊な造り方があって、捨て墓は河原の近くに造り、死体を埋

嬬恋村田代の捨て墓

めたその上に、大人の頭大ほどの丸石を山積みにする。これは、古くこの地に狼（おおかみ）が多く出没し、死体を掘り出して食うので、石は狼に掘られないためなのだと。さらに石の上には屋根形のガンブタを置き、その周りには縄を張っておく。この捨て墓について、この地の滝沢昇治さん（明治二十六年生まれ）は、次のように話してくれた。

「盆や彼岸にお参りするだけで、やがて捨て墓が草むして、墓の形態が分からなくなるとお参りしなくなるのだ」と。

また拝み墓を造るには、その場所に一《メートル》五十《センチ》ほどの高さの塔婆を立て、死者の爪や髪の毛をとっておき、それを塔婆のそばに奉納し、その上に丸い川石を拾ってきて載せて、拝み墓とするのである。拝み墓には盆や彼岸はもちろん、ふだんでも数多くお参りするのである。拝み墓を多く拝むという風習は、死者の霊魂が現実に生き続けているという何よりの証（あかし）なのだ。

日本人の永久不滅の生命力についての思想は、古く日本神話や仏教にもみられる。日本神話には「死者に黄泉（よみ）の国から高天原（たかまがはら）へ行き、そしてやがて地上に降りて行く」とある。また仏教には「死者は極楽で生まれ変わる」という往生思想があるのである。いずれにせよ日本人の死生観が両墓制をもたらしたと言えよう。

群馬のごく一部にみられる両墓制は、遠い古代社会から私どもの祖先が「霊肉二分説」の発想に基づいたもので、日本人の死生観の原点をみることができる。

（一九八七年八月十一日掲載）

思いやり物語る石碑

〈降雹悲し〉

明治二十年五月二十三日のことである。この日、上州の空は快晴。目にしみるような紺碧の空は、無気味なほど鮮かだったという。ところが一天にわかにかき曇り、激しい雷鳴と鋭い稲妻の走る悪天候に変った。そして鶏の卵大の雹（ひょう）が降り続き、積雹は一メートル以上の高さとなった。被害は莫大なことになった。群馬郡特に箕郷地方が中心だった。この降雹は人身事故も招いた。

箕郷町柏木沢新田の当時十七歳の少年であった久保田和三郎さんは、この日このような悪天候になろうとは知らず、馬をひいて相馬ヶ原に草刈りに出かけていった。現地でこの恐ろしい降雹に遭ってしまったのである。

雹が降り止んでも本人は帰宅しなかった。村では騒ぎとなり、八方手をつくして捜したところ、相馬ヶ原の金明水（清水の湧き出る所）近くに、馬もろとも雹の中に埋れて、痛々しい姿で死んでいる少年を発見したのである。

このような悲愴な状態からもわかるように、桑も麦も野菜も雹に打ち砕かれ、見渡たす限りの氷原となり、緑色のものは何一つ目に入らなかったと、当時の状況を箕郷町柏木沢本田の狩野マサさん（明治十七年四月十七日生まれ）は語ってくれた。この話を語ってくれた狩野マサさんも、数年前に他界してしまった。

この雹害で特に打撃の大きかったのは、養蚕農家であった。桑は全滅し蚕に餌を与えることができず、村人は飢える蚕と悲しい数日を共にしたが、思案のあげく村中の蚕を、この地区の不動寺前の空地に葬ることになった。

村人は大穴を掘り、飢えで痩せ細った村中の蚕をそこに葬った。

村人はこのことに深く心を痛め、蚕を葬った上に、高さ三メートルほどの土盛りして塚を築き、翌年明治二十一年四月に、蚕の霊をなぐさめようと、蚕霊神を祀った石殿（高さ九五センチ）を建立したのである。雹害で農家は無収入というきびしい生活にありながら、庚申の罰も恐れて、さらに村人は塚の回りに百庚申（庚申と刻んだ百個の石碑）を建立したのである。

庚申さまは、人間が日常の生活の中で悪事を働くと、その者に大怪我を与えるか、死に至らしめるという大罰を与える神として、当時村人に恐れられていた。蚕を生き埋めにしたことに、村人は戦っていたのであろう。

かつてこの地区の人々が苦しい経済と、悲痛な心情の中で建てた百庚申も、現在十四基残るだけで、他は見あたらないのが誠に残念である。

そして降雹から十年後、明治三十年五月に、この悲惨な災害を後世に伝えようと、蚕影碑と称する石碑（高さ一二八センチ）に、この災害の全容を克明に刻み、塚の手前に建てたのである。

上州人は淡白だとか、開けっぱらいであるなど、軽薄に考えられる一面もあるが、過去の上州人は実に謙虚で、さらにそこに深い思いやりの心を秘めていたのだ。

（一九八七年五月二十六日掲載）

宗教は剣で殺せず

〈鬼石町の隠れキリシタン〉

三波の名石と神流川の清流の風光優美な多野郡鬼石町。この山里に三百三十年ほど前の明暦年間に、隠れキリシタン信仰がなされていた。鬼石町三波川の木村徳さんの祖先である。

群馬には十七世紀前半に、フェルナンデス神父によって、キリストの伝道が沼田を中心になされたが、この鬼石町付近もキリシタン信仰が盛んであった。

隣接の埼玉県児玉郡神川村渡瀬でも、隠れキリシタンの信者が多く、慶長年間キリシタン信者である山口平之進が、この地で信仰を広めたが、幕府の弾圧を受け、近くの神流川河原で信徒と共に処刑された。この渡瀬地区には、現在も隠れキリシタンの墓石が多く残されている。

鬼石町三波川の木村徳さんの祖先で、十五代前の利兵衛は、当時家族と共に熱烈な隠れキリシタン信徒であったが、それが幕府に知れ、利兵衛夫婦と息子と捕らえられ、江戸に連行された。投獄され厳しい拷（ごう）問の末、利兵衛は獄死となる。木村徳さんの話によると、水獄での獄死だったようだと語る。

その後、母と子はキリシタン信仰を殉教し、十七年間の投獄の末、帰郷を許され、故郷の三波川の地に帰される。しかし帰郷後も厳しい監視の中、ひそかに母と息子はキリシタン信仰を続けるのである。「宗教は剣で殺せない」とは、まさしくこのことである。マリア像（高さ五センチ）を、監視の目をくぐりながら、この像を家の梁（はり）の上に隠し置き、母子が信仰したものである。

当時、この地で名主をつとめ、木村家の監視役をした鬼石町三波川琴辻の飯塚馨氏宅には、承応六年（一六三二）から明治三年（一八七〇）に至る二百八十年間の五人組人別帳等数千点（現在県文書館保管）がある。その中に木村家の監視に関する七代にわたる百五十年間の貴重な記録がある。五人組人別帳の中でも、隠れキリシタンについては、特別扱いになっている。五人組制度は、時代が下るとキリシタン禁制の目的のため、地域住民の思想行動統制の一手段として、江戸幕府がおしすすめたもので、農民取り締まりの大きな手段であったのだ。

当時、木村家は父親の獄死と、厳重監視のはざまの中で、もだえ苦悩したことであろう。

しかし、この汚名を挽（ばん）回しようと獄死した利兵衛の孫にあたる仁兵衛が、地域の中で献身的に生き、その功が認められ三波川村の組頭第二席となり、村政に貢献するのである。

過去に弾圧や極刑を受けたキリシタンも、明治に入ると群馬県の代表的産業である蚕種業の発展に、多大の功績を果たすのである。特に忘れられないのは、遊廓（かく）の盛んであった明治時代に、廃娼（しょう）運動をキリシタン徒が積極的に、推進したのである。

ともあれ過去の弾圧等とは裏腹に、年の瀬になるとクリスマスが、全国的にそれも派手やかに行われている今の平和さが信じられない。

（一九八七年六月十六日掲載）

母子がお祈りしたマリア像

仕事歌から座敷歌へ

〈三国馬子唄今昔〉

山岳のそびえる地形にある群馬県での荷物の運搬は、かつて県境のけわしい峠を越え、馬の背に積んで行われた。この駄貨付けの仕事にたずさわったのが馬子であった。

群馬と新潟の県境にある三国峠越えをしての道筋もその一つ。群馬からの荷は大根の切り干しか砂糖などであった。砂糖は江戸からの継ぎ荷のものだった。そして、それらの荷は湯檜曽のタテ場と呼ばれる馬子たちの運ぶ荷の収集所まで運ばれた。帰り荷は新潟の米、酒と俵詰めのワカメだった。

馬子は数人が一団となって行き来した。馬子たちは積み荷のまま愛馬を谷底に落とす悲惨な事故も多々あった。馬子は馬の積み荷が特に重いときや、危険な場所を通過するときは馬子唄は歌わなかった。積み荷も軽く安全な場所に来ると、安ど感とともに馬子唄は歌われた。番手といって先頭の馬子が歌い始めると、次々に前から順番に歌うのである。馬子の心情と周囲の美しい自然の中で、ゆったりと自由拍子で歌われた。馬のひずめの音が馬子唄のリズム伴奏となった。

三国峠で
からすに鳴かれ
ハイ　ハイト
かか（妻）が身もちで
気にかかる
ハイ　ハイ　ハイト（以下略）

これは三国馬子唄である。群馬の馬子唄は素朴で、小節（こぶし）がごく少ないのが特徴である。

馬子たちの生活の中で歌い継がれてきた馬子唄も、馬子の仕事が姿を消すと、馬子唄に尺八や鈴、そしてカブリといって椀（わん）で、馬のひずめの音の伴奏を入れて歌われるようになった。こうした演唱形態のものは馬子唄といわず、追分節と呼ぶ。この三国馬子唄も、勢多郡富士見村生まれで若いころ東京で民謡を習得してきた美声の持ち主、樺沢芳勝によって、多彩な小節を付けて歌われた。これがレコーディングされ「上州馬子唄」と表題も変えて発表されると、脚光を浴び、群馬県内で他に伝承されてきた碓氷馬子唄や赤城馬子唄、鳥居峠の馬子唄、十国馬子唄などは振り向かれなくなってしまった。

文化再創造というのは、一個人が無認識に伝統文化を変容するものでなく、民謡ならばその民謡の持つ付帯目的や風土性、さらには民俗的な領域を十分加味した中で考えねばならないことなのだ。

仕事歌が座敷歌（ステージ）と浮動していくとき、大切なのはこうした日本民俗音楽の現代の担い手たちが、どのように伝統文化を認識するかにあると思う。

過去の上州人が素朴な生活の中で、真剣に支えてきた伝統民謡の「馬子唄」の節まわしだけにこだわらず、歌の内部に秘められてきた「歌う心」を大切にしたい。

（一九八七年六月九日掲載）

鳶口一丁で大木自在に

〈片品の「さ流し」職人たち〉

山深く谷間をせき止め谷川の水を利用して、木材を流し出す仕事を「さ流し」と呼んだ。さ流しには「一本流し」と「鉄砲流し」とがある。さ流し職人は鳶（とび）口一丁で、大木を自由自在に動かすことのできる技術の持ち主ばかりだった。群馬に来たさ流し職人は、長野県の木曽、埼玉の秩父、栃木の那須、新潟の小寺谷、福島の会津など山深い地方からの人々で、これらの職人たちは渡世人で血の気の多い若者ばかりであった。そして、群馬のさ流し職人と合流し、十五人ほどが一団となり山深くに小屋掛けし、そこで生活した。そして、一つの山のさ流しが終わると、また次の山へ移って仕事を続けていった。

さ流し職人には位があった。かいしょげ代、きばな役人、きばな役、きじり役人、きじり役、そして台所役の六段階に分かれていた。かいしょげ代が最上位で、かいしょげ代の着る印はんてんは、紋を金の刺しゅうで縫いあげたのを着、さ流し職人の一切の管理をした。「気の荒い渡世人の管理は誠に大変だった」と、かつてさ流し職人であった利根郡片品村土井出の梅沢千代松さん（明治三十八年生まれ）は語る。

さ流し職人はヤナ関といって、山で切り倒した木材で谷間の水をせき止める。木のすき間には木の葉や岩ごけを詰めて水をため、ヤナ関が満水となり、ヤナ関の頂上から水があふれて流れ落ちると、ヤナ関の中に流し込んである何百本もの木材一本一本に、鳶口を突き刺し流れ落ちる水に乗せて、下流へ流し落とすのである。これを一本流しと言う。

また鉄砲流しは、一つの谷間の数カ所にヤナ関を築く。ヤナ関の高さは大きいものになると一〇メートルもある。そして、ヤナ関を造るのはきじり役の仕事であった。各ヤナ関には山で切り倒した何百本もの木材を引き込んでおき、谷水がヤナ関いっぱいになると、一番上の関をいわえておいた藤づるを、特に血の毛の多いさ流し職人がナタで切る。するとヤナ関はビリビリと不気味な音とともに、一瞬にして決壊してしまう。水と木材は次のヤナ関へごう音をたてて突きあたり、ヤナ関は次々に決壊し、木材はあっという間に谷間の下方へ運ばれてしまう。これを鉄砲流しという。この鉄砲流しでは、幾多のさ流し職人が命を失った。

第一のヤナ関の藤づるを切り、決壊の瞬間逃げおくれると、水と木材はさ流し職人に襲いかかり、荒れ狂う嵐のような木材の渦の中に巻き込んで、命を奪い取ってしまうのだ。事故に遭遇するとさ流し職人たちは、鳶口を下に向け、手で胸を打って仲間に事故であることを告げるのである。

現在は、ヘリコプターやゴンドラなどを使って、山から木を運び出しているが、かつては、大自然の深い谷間で、切り倒した山の大木を使ってヤナ関という舞台をつくり、さ流しという木出しのドラマが展開されたのである。山に生きた人々の知恵のすばらしさに、驚かされる。

（一九八七年六月三十日掲載）

矢原地区に石工の集団

〈幻の雷神の石造物〉

日照時間がかつて宮崎県に次ぎ、全国で第二位の群馬県は乾燥した風土。そして、雷と季節風の多い県でも有名である。

雷は人間の力には、かなわない脅威のものとされてきた。そのため群馬では雷神信仰が濃厚。邑楽郡板倉町の雷電様をはじめ、各地に雷神を祀（まつ）った石殿（石宮）等が多く見られる。しかし、雷神の石造物で像容（雷神の姿を刻んだもの）は誠に少ない。県内では高崎市下小鳥町の蓮華院の浮き彫りの雷神が知られているだけである。

昭和三十二年五月三十日のこと。群馬郡箕郷町矢原地区を中心とした石造物の私的な調査のおりのことだった。数体の石造物群の中の一体が倒れていた。起こしてみると何とそれが捜し求めていた雷神の浮き彫りの石造物だったのだ。感嘆と喜びと、あのときの感動は今も忘れられない。

高さ六十七センチ、頭上に二本の鋭い角、そして怒り顔、船形の光背の先端には雷印を一つ置き、宝輪を思わせる五つの雷太鼓、雷神は右手に太い太鼓棒を持ち、雷雲が雷神の左半身をおおっている。記年名無し、しかし、光背の反りからみて、江戸時代末期の作品であろう。

高崎市蓮華院の雷神の細工と、実によく似ている。同一の石工の手によるものではないかと思われる。

古くこの矢原地区には、石工の集団が住み着いており、榛名山の表より出土された通称「榛名表（おもて）の白ガサ石」と呼ばれる細工のしやすい良質の石を素材に石造作品を産出していたといわれている。そのせいかこの地域には、重量感のある石造物の作品が非常に多い。

特に天明八年建立の千手観音や、享保九年の青面金剛などの名品は、今も心に深く残っている。もちろん雷神もその一つ。

この雷神の石造物は、この地区の石山と呼ばれる（石工の刻んだ残りのくず石を拾って積みあげた山）の頂上に建立してあったものを、昭和十年代に八幡宮に移し、さらに昭和五十一年秋、この地区の「集出荷所」に移し、現在に至っている。

この矢原地区には、かつてさまざまな雷の俗信があった。この地に住む秋山又三郎さん（明治三十一年生まれ）は、調査のおり次のように語ってくれた。

箕郷町矢原の雷神

この矢原地区は夏になると雷が特に激しく、それも富岡の小幡に出る雷雲を「小幡の三策雨」と称し、荒れ狂う夕立として特に恐れられた。

また節分の豆を袋に入れ、囲炉裏の鍵（かぎ）竹につるしておき、初雷のときその豆を食べると落雷にうたれないという。なお、家の棟木に「みず木」の枝を、麻でゆわえ付けて置くとその家は、落雷を避けることができるという。

人間の力ではかなわない巨大な雷の前にひざまずき、なけなしの財布の銭をはたいて、雷神の石造物を建立し、人々がそれにすがって、雷の難を逃れようとした。古人の精神文化のすばらしさに、深い感銘を持つのである。

（一九八七年五月十二日掲載）

民話の底に温かさ

〈あずき研ぎばばあの話〉

この民話は、桐生市川内町五丁目の斉藤トメさん（明治三十三年生まれ）から採集した民話である。昭和四十七年のことであった。

「むかし、むかし、子どもを隠す、あずき研ぎばばあがいたんだとさ。入梅の雨が降る暗い晩だったんだと。ひ暮れまで隠れんぼをしていた子どもが、二人うちに帰って来ねえんだと。うちの者は心配して、近所にふれを回わして、ひと晩中捜してもらったが、とうとう見つからねえんだとさ。

次の日も雨の中あ村の人たちが捜したんだと。ところが昼を少し過ぎた頃、『きょう塚山の大杉の下に、この子が死んだようになっていた』といって、びしょ濡れになった男の子を、村人が背負って来たんだとさ。

それから間もなくして『深沢堀りの奥の麦畑の中にこの子が、濡れねずみになって、うずくまっていた』といって、死んだようになっていた子どもを、村人が背負って来たんだとさ。

うちの者は『まあ、めっかあって、よかった』といって喜んだと。少したってから村人が子どもに『どうして、家に帰れなかったんだ』と聞くと、子どもは『かくれんぼをしてたら、ザック、ザックとあずきぃ研ぐ音がしてきて、そのうちにあずきぃ研ぐべえか、子どもを食んべえかと言う声がしてたかと思うと、細っぺえ顔で、爪の長く伸びてるおっかねえばあさんが来て、ばあさんと山へやぶんだ（行くんだ）といって、連れてぃがれてしまったんだ』と言うんだとさ。

それを聞いた村人は『晩方おそくまで遊んでいると、おっかねえ、あずき研ぎばばあに連れて行がれてしまうぞ』といったんだとさ」。

日本の昔ばなしの中で、大いに活躍するのは女性像であるが、この「あずき研ぎばばあ」の民話の中でも、怖い老女が暗躍するのである。しかし、日本の昔話に現れる山姥（やまんば）の話のように、人間をバリバリ食ってしまうような残酷な女性ではない。やはり上州の民話の底には、温かさがある。その温かい上州人の意思を、子どもに語り継いでいるのだ。

この民話を通して、夕方遅くまで遊んでいると、かつては、古井戸に落ちたり、毒蛇にかまれたりして、愛児が命を失うか知れない。

その危険性をさけるために、夕方早く帰宅することを教えているのである。

民話が語り継がれなくなった現在は、この民話に代わって、その役目を地域の補導員や警察官が、夕方遅くの子どもの補導にあたっている。

古人はこの現実をみて、苦笑しているにちがいない。

（一九八七年七月二十八日掲載）

神にすがり生き抜く

〈上野村乙父の雨乞い〉

谷深い上野村乙父地区では、旱（かん）ばつになると、神流川上流の乙父沢に村中総出となって、雨乞（ご）い行事を行う。それは、雨を乞う村人の異常と思われるほどの悲願によるエネルギーの燃焼なのだ。山あいのわずかな畑の作物が旱ばつで枯死すれば、生活への影響は大きく、それを必死で防ぐ悲願の行事なのである。

雨乞いになると、村にある乙父神社の奥殿に安置してある竜王権現と呼ばれる石を、村人の手によって、川に下ろしてくる。この石を川に下ろすと必ず雨が降るという。この石は遠く元禄のころ、村を流れる神流川のオタネ渕と呼ばれる所に、大洪水のおりに流れついたものを、村人が拾いあげ雨を降らせる石としてその後、神社に安置し旱ばつのたびに川に下ろして祈願するのだという。

この石を下ろすには渡御がある。村人が神社から石を持って神流川に飛び込むと、まず神主が先頭に立ち、次に祭囃子（ばやし）連中、竜王権現石、そして、その後には村人が続く。激しく川水を浴びながら五十メートルほど、川上へと練りながら渡御を続ける。雨乞い会場の乙父沢の川瀬に着くと、権現石と酒、オサゴと山菜とを供える。そして、さらに今一つの供物がある。それは乙父沢の奥にまつってある、御諏訪神社から一振りの剣を借りて来て奉納するのだ。この剣は雨乞いが済んだ後、新しい剣を一振り付けて返納する風習となっている。この諏訪神社の拝殿には、何百年もの奉剣が山積みされている。山深い乙父地域の人々が、雨乞いを幾百年にもわたって守り継いできたことがわかる。

奉剣が済むと区長が近くにそびえ立つ、かさまる山から竹筒に入れた「呼び水」を借りて来て、川瀬に奉納する。すると急に川瀬の広場はにぎやかになる「寄せ」といって、村人を寄せ集めるための勇壮な祭囃子の演奏が、谷間に激しくこだまする。この音が聞こえると村人は老若男女すべてが雨乞い会場に集まる。そして、この祭囃子連中を囲んで、雨乞い踊りが始まる。音頭が一節雨乞いうたを歌うと、次に村人たちが掛け合いで歌う。その歌に合わせて輪踊りとなる。音頭の歌も掛け合いで歌う村人の歌声も、時間がたつにしたがって悲愴（そう）な合唱となり、それがあたりの山々にこだまし、それは日暮れまで続けられるのである。

乙父地区に住む小須田袈裟司さん（明治三十六年生まれ）は、昭和四十七年七月この地区での雨乞いのおりに「雨乞いを行っても、雨が降らなければ、雨が降るまで幾日も昔は行ったものだ。気象庁が発表する今の天気予報よりか、私どもが古くから行ってきた雨乞いの方が確かで信じられる気がする」と、語ってくれた。

この夏は深刻な水不足だった。しかし、ダムの水源地に雨が降ることだけが叫ばれてきた。山深い上野村の人々は、雨乞いという伝統的な生活行事を通し、神にすがって生き抜いてきたのだ。なんとすばらしい協同体なのであろう。

（一九八七年八月四日掲載）

見知らぬ遺体弔う

〈浅間焼けの夜泣き地蔵〉

利根川にほど近い伊勢崎市戸谷塚町に、夜泣き地蔵がある。天明三年七月八日（二百四年前）の浅間山大爆発の泥流とともに、利根川に流れ着いた遺体を葬り、その上に建てた地蔵尊なのだ。

遺体は戸谷塚の西河原に打ち上げられた。その数は数百体ともいわれる。戸谷塚の人々は、その遺体を河原近くの絹園（きぬぞの）と呼ばれる畑に葬った。

ところが葬った翌晩から、埋めた遺体の泣く声が夜ごと聞こえてきた。村人はその異様な死者の泣き声におののき、葬った死者の中に成仏できず、現世をのろっている者がいるのだと考え、その後、毎夜供養を続けた。そして、葬った骸（むくろ）の上に地蔵尊を建立することを決め、村の女衆によって念仏を唱えながら村の一戸一戸を回り、一年がかりで金銭をもらい集め、地蔵尊を建立したのである。

この年は浅間の爆発により降灰と異常気象で、作物は全滅となり、県下全域大凶慌となる。飢えのため間引きや、数歳になるわが子までを、あえて川に流したなど悲惨な話が今も伝えられている。このような社会情勢の中で、なけなしの財布の金をはたき、さらに念仏で得た金を加えて建立した地蔵尊の基台に、天明四年十一月四日戸谷塚村講中と見える。そして、この地蔵尊を建てると同時に葬った遺体からの夜泣きは、はたとやみ、その後だれ言うことなく、この地蔵尊を夜泣き地蔵と呼び今に至っている。戸谷塚の人々はこの地蔵尊を建立後も、供養をし続けてきたのである。

ところが、このことを浅間焼けで最も被害の大きかった嬬恋村鎌原の人々が知り、戸谷塚に来て合同供養を行ったのである。時に昭和三十七年、なんと浅間焼けから、百八十年後のことであった。

この戸谷塚地区を過去の災害史からみてみると、洪水には常に悩まされてきた。特に元禄年間には、村の五分の四が利根川に削り取られ、多くの村民の貴い命と財産が奪われている。これは単に戸谷塚地区に限ったことではない。群馬の川沿いの地域は常にこうあったのだ。

それにしても、天明三年の浅間焼けの被害は甚大だった。それを物語るかのように、各地に川流れの死者を葬った供養碑が、利根川沿いに多く見える。戸谷塚付近だけでも、八斗島（やったじま）町の墓地に、天明三年七月八日と刻まれた供養碑、天沼町本郷に同じ年月日の碑、さらに長沼町（向長沼）の墓地に「天明三年七月八日、十三体半」と刻まれた悲そうな供養碑がある。これは「遺体十三体のほかに、半分に切れて流れ着いた遺体も一緒に葬ったのだ」とこの地に住む小茂田敏治さん（明治二十三年五月生まれ）は、目に涙を光らせながら語ってくれた。

川沿いに住む人々は、上流から見知らぬ人の遺体が流れ着くと、それを手厚く葬るのだ。そして、いつ自分がそうなるのかしれないのだと。利根川の瀬音には、上州人の心の響きが聞こえてくるような気がする。

願かけ礼の帽子やお掛けを着けた夜泣き地蔵

（一九八七年七月七日掲載）

〈職人の業　八塩煎餅〉

天然の鉱泉水を利用

薄暗く、それもごく狭い作業場で、ひっそりと手焼き煎餅（せんべい）を焼き続けている親子は、多野郡鬼石町仲町の藤田友四郎さん（大正十一年生まれ）と、息子の省吾さん（昭和二十七年生まれ）である。創業は安政年間というから百三十年前。初代弁次郎さんによって始められた。この煎餅は八塩煎餅といい、この地に古くから湧（わ）き出る天然の八塩鉱泉水を使って焼かれる特殊な煎餅である。軽くて口あたりが良くしょうゆ焼き煎餅とは趣を異にする。

ともかく素朴な自然の味の煎餅で、遠くは宮城県仙台市などからも客が見えるとか。

この煎餅焼きの味の秘訣（ひけつ）は、天然の鉱泉水にあるという。この水は鉄分、ラジウム、炭酸などの成分を含んでおり、昔からこの鉱泉水を使って饅頭（まんじゅう）を作ると、品のよいのができるとあって、かつては隣接の農家で、盆や農休みの饅頭づくりの時には、一升瓶を持って、この鉱泉水をもらいに来たという。

八塩煎餅焼きの技術を、一人前に身につけるには年期がかかるが、友四郎さんの先代は「目で見て仕事は肌で覚える」といい、何一つ教えてはくれず「仕事を盗み見」して、この技術を覚えたという。

後継者である息子の省吾さん（六代目）には、中学生のころから手を取って技術を仕込み、現在は父親を負かすほどになったと絶賛する。

後継者には事欠かないが、この仕事も不安が一つある。それはこの煎餅焼きの「焼き形」と呼ばれるタイ焼き式の煎餅焼き機の製造者は、現在東京上野竹町に「形源」（かたげん）と呼ばれる方が一人だけ。形源さんは鉄にタガネで絵形や文字を彫って、煎餅焼き機を作る職人。この形源さんも現在入院中とあって、この職人が他界でもすれば、百三十年の伝統の八塩煎餅も消滅の運命にある。

なんといっても八塩煎餅焼きの秘伝は「火かげん」と「生地」（きじ）と呼ばれるタレ作りにある。

「火かげん」を誤ると、むらのある煎餅になってしまい、売り物にならない。

「生地」づくりは、仕事上の秘密で詳細は語ってくれないが、生地をこねる水は天然の八塩鉱泉水だけ、飲料水等を混ぜると鉱泉水が黒く変色してしまい、使いものにならない。

生地は小さい杓（ひしゃく）でしゃくって、煎餅焼き機の中に流し込める柔らかさが良く、この生地づくりができると、一人前の焼き手と認められる。

赤くほとばしる火の上を、手の平ほどの黒い鉄の煎餅焼き機が職人の手で、次々にひっくり返されながら、手際よく焼かれていくリズムは、まるで機械が行っているようにすら見えてくる。

今はクッキングスクールで、教科書を中心に、すばらしいケーキ作りの指導がされているが、一世紀以上にも渡って、それも、徒弟制度的な中で、磨きあげられた技術の職人が、伝統の中にひっそりと生き続けている姿は、感無量である。

（一九八七年六月二十三日掲載）

〈「のろい釘」と「のろい人形」〉

現代でも秘かに続く

現代のような言論の自由が保障され、そして表現の自由が確立されている自由社会の中でも、のろい釘（くぎ）やのろい人形を媒体として、恨みを果たそうとする呪（じゅ）法が、群馬県下で秘（ひそ）かに行われているのである。これは考えられないほど不思議な民俗である。

のろい釘やのろい人形を行うのは、相手が自分に対して、取り返しのつかないような妨げなどしたとき、それが積もり積もって恨みとなる。しかし、その相手に面と向かって、その恨みを果たすことのできない状態が続くとこの陰惨な行為となるのである。

のろい釘やのろい人形は、人の寝静まった丑三つ時（うしみつ時）に、神社の境内の樹木、特にご神木の幹に相手を呪いながら、釘を打ち込むのである。釘は古釘でなるべく大きいもの（普通五寸釘）が、ききめがあるとされている。

またのろい人形は、板か藁（わら）で人形を作り（群馬では藁人形が多い）丑三つ時に、神社の大木の幹に打ち込むのであるが、特に人形の眼や口、胸などに釘を打つのである。のろい釘やのろい人形をやると、呪われた相手は死に至るか、それ相当の打撃を被るのだといわれる。

しかし、釘を打つ現場を人に見られたり、打ち込んだ釘を後日、人に発見されると、効果はなく「恨み返し」と云って本人に返ってくるのだと云う。

前橋市にある総社神社の大木に、昭和五十九年五月と、昭和六十年十月にのろい釘とのろい人形が打たれてあった。この時の呪い人形には、呪われた相手の名前が鮮明に書かれてあった。これらを取り去るには仕きたりがあって、総社神社の神宮である内田門太夫さん（明治四十二年一月生）によると「拝殿で祝詞をあげ、次に釘の打たれている樹木の前でお払いを済せ、釘を塩で清めてから抜きとるのだ」と、また「六十年には特異なのろい人形が鳥居の近くの大ケヤキに打たれており、人形の股（また）に釘が打ち込まれ「シモ」の関係に恨みのある方のものだったのであろう」と語ってくれた。恨みにも時代背景があるようだ。

この総社神社ばかりか、県内の神社に意外に多く見える。一例であるが前橋市昭和町の岩神稲荷神社（飛石稲荷）の境内にある大銀杏（おおいちょう）。前橋市保存樹木指定（七九号）高さ十八メートルの、地上一六〇センチほどの高さの所に、五寸の丸釘他三本の「のろい釘」が、さらにこの大銀杏のすぐ西にある市指定七六号の銀杏にも地上一六五センチほどの高さの所に、五本ののろい釘が打ち込まれている。いずれの釘も相当腐食が見える。

昭和三十年三月この岩神稲荷神社の私的な調査の折に、この銀杏に江戸期のものと思われる四角釘が、二本見えたのを覚えている。現在はそれを取り去った跡だけが古く見える。

のろい釘などは閉鎖的社会にのみ起こる現象だと考えがちだが、科学が進み月や星に人間が到着するような現代社会でも、こうした陰惨な呪法が、それも都市に生きているのは、誠に不思議である。

（一九八七年七月二十一日掲載）

庶民の信仰の証に

〈貰われて行った悲恋地蔵〉

二十二年前のこと、昭和四十五年に前橋市総社町新田から、利根郡水上町湯ノ小屋にお地蔵さまが貰（もら）われて行った。お地蔵さまも大都市から谷深い奥利根の環境に、さぞ驚嘆したことであろう。

新田地区では、道路の拡張にともないお地蔵さまを他に移動することとなったが、移動する適当な場所がなく思案していたところ、仲介者が現れ湯ノ小屋の旅館に貰われて行ってしまった。

その後、地区の古老が地蔵尊を失ったことを嘆き、湯ノ小屋に交渉したが地蔵尊はもどらなかったと言う。

お地蔵さまの信仰形態に、死後の世界に迷う亡者を救済してくれるという功徳がある。こうしたことから、古くから上州人には、地蔵信仰は濃厚であったのだ。

さらにお地蔵さまは、私どものすべての願いを、かなえてくれるとあって、延命地蔵や夜泣き地蔵、子育て地蔵から盗難、防火、イボとり、酒かい地蔵に至るまで、各地にこれらの名称のお地蔵さまが見られる。中でも幼い愛児や結婚前に他界した若者は死後の世界において、鬼に「親のためにも、地域の役にもたたずなぜ、死の世界にやって来たのだ」と、金棒で攻められ果ては地獄へと追いやられる。

この時、つかと地蔵さまが現れ、鬼どもを錫杖（しゃくじょう）で追い払い、子どもたちを極楽へと救ってくれるのである。

夜泣き地蔵や子育て地蔵など、子どもに関した地蔵尊の多いのは、こうしたことに起因しているのである。お墓に行くと三十センチほどの小地蔵を、今も多く見ることができるが、それは、幼くして亡者となったわが子に建立した墓石なのだ。愛児が極楽に行けますようにと、親がお地蔵さまに祈願した証（あかし）なのである。

　総社町新田から貰われて行ったお地蔵さまは、悲恋地蔵といい、それには一つの俚伝（りでん）が残されている。

「むかし、恋仲の若い男女があった。しかし、二人はことあって別れ別れになってしまった。女は相手を忘れられず、行方知れずの男の後を追って、果てもない旅を続ける。しかし、愛する男をさがし求めることはできなかった。女は力尽き総社町新田地区の路上に倒れ、若い命をひきとった。そして、こと切れるまで恋する男の名を呼び続けて死んで行ったと言う」。新田地区の人々は、この哀れな女の死を見るに見かねて、この地に葬り成仏できますようにと、地蔵尊を建立した。その後だれ言うとなく「悲恋地蔵」と呼ばれるようになった。

　この悲恋地蔵には、享保五年八月吉日とある。二百六十七年前のもの。享保の人々の生活は現在より、はるかに貧困であっただろう。しかし、行き倒れの女を成仏できるようにと、地蔵尊まで建立したこの地区の方々の心は尊い。

　こうして祖先の心を考えると、やすやすと貴重な文化遺産を、地区から手離してはならない。

（一九八七年八月二十五日掲載）

湯ノ小屋にある悲恋地蔵

足利で発祥、広まる

〈八木節になるまで〉

八木節の節奏は上州人の気質に、あまりにもピッタリした民謡といえよう。この八木節が、日本民謡のリズムを規定するのに、八木節様式と称して、正格拍子の基準とされていることは、高く評価されるところである。

この貴重な民謡も隣接の栃木県の民謡なのである。しかし、民謡に不思議な浮動性をもっており、その民謡が風土や民情に合っていると、急速なスピードで浮動しその地域に定着して行くのだ。八木節が上州一帯に隆盛をきわめているのは、そのよい例である。これは単に八木節に限ったことではない。九州で生まれた「ハイヤ節」が、北の青森県で「津軽ハイヤ」として、歌い継がれているなども民謡の浮動性の何よりの証（あかし）であり、ここに民謡の源流について否定が必要となってくるのである。

民謡は、その時代の人々によって変容され、民衆のものとして歌い継がれ、源流と称して個定化された。古代の遺物的なものは大衆から離れ去って行くのである。八木節も現代ロック音楽に合わせて、若者たちに踊られているが、もっと激しい浮動性を今後もっていくであろう。

さて八木節が栃木県足利市堀込の渡辺源太郎に、歌い広められて約百年近くになる。八木節がどのようなプロセスを経て、編み出されて来たのかを、正しく規定しておかねばならない。八木節についての諸説は多くどれもすばらしい。しかし、一つの県にとどまっての狭義の見方のものが多いように見受けられる。

八木節を編み出したとされる渡辺源太郎は、その過程において、栃木、群馬、茨城の各県で、八木節に至るまでの八木節の素地となる盆踊りの歌の修業をしているのだ。「八木節は一日にして出現したのではない」―八木節の元唄（うた）は新田町木崎の木崎節であり、木崎節の元唄は新潟県の神保広大寺くずしだなどさまざま。

この木崎節を明治のはじめ、日光例幣使街道沿いに歌い広めた人がいる。足利市朝倉の丸山清三郎である。それが現在も足利市に「渋垂文句」の盆踊り歌として残されている。このころ、足利地方に「神子節」の盆踊り歌も盛んであった。この二つの盆踊り歌はともに影響し合いながら、八木節の素地づくりとなるのである。

この八木節の原型となる歌を歌い広めた名手たちが足利にいた。斉藤歁十郎、久保田三次、石井多三郎、杉山栄吉、中村常吉、中村吉太郎らである。さらにこの歌に磨きをかけたのが、新井勝一郎、渡辺源太郎（堀込源太）、塚越勝太郎、井野口金次であった。中でも堀込源太（明治五年一月二十九日生まれ、八木節の創始者）は、天性の美声の持ち主で盆踊り唄に改良を加えながら、栃木、群馬、茨城（古河市）の三県で修業するのである。

こうして源太節と呼ばれる八木節の大成をしていったのである。八木節という民謡の出現までには、神保広大寺くずし、木崎節、渋垂文句、神子節、古河甚句（古河市）などが素地唄となっている。これらの盆踊り唄が音楽的に（音組織の上で）八木節に、本当に実在しているか否かの分析が、私たちに負わされた新しい八木節への課題である。

（一九八七年九月二十二日掲載）

「八木節」流行で衰退

〈盆踊り唄「石投げ踊り」〉

群馬の古い盆踊り唄（うた）の中には、隣接の新潟県から移入のものが多い。石投げ踊りの盆踊り唄もその一つ。

この石投げ踊りと呼ばれる盆踊り唄は、その昔「盆どり」と呼ばれていた。踊りの中に石をひろって投げるしぐさのあることから、石投げ踊りと呼ばれるようになった。

盆踊り唄は、明治から大正、昭和のはじめにかけて中毛、西毛地区で隆盛をきわめた。しかし、八木節が出現すると、各地の石投げ踊りの盆踊り唄は淘汰（とうた）され、その姿を消すものも多かった。

しかし、流行の八木節にめげず伝承を続けた地域もあった。前橋市元総社地区もその一つ。盆になるとこの地区では、総社神社の境内に二つの高いヤグラを建て、盆踊りの競演を行った。一つの会場に二つの盆ヤグラを掛けるのは、全国的にも例のないことである。このヤグラは、この地の二つの財閥によって、それぞれヤグラを建てて競演したのだ。

この石投げ踊りの盆踊りには、近郷近在の村から「歌あげ」と称して、昭和のはじめごろまで盆踊りの応援に行ききした。高崎の京目、日高、群馬町の観音寺、金古、稲荷台、引間。吉岡村の大久保、榛東村の笹熊、前橋の高井、植野、青梨子、鳥羽、小相木、上新田、古市、大友、江田、西箱田などの地区がそれであった。ともに石投げ踊りの継承している地域同士のことであった。

この石投げ踊りの盆踊り唄は、古い盆踊りの様式を踏襲している。盆踊りの始まりは、神送り行事を起源とするのが普通と考えられるが、古人は深い信仰生活にあって、農作物が病虫害の被害にあったり、村人の多くが疫病で倒れたりするのは、無縁仏（結婚前の若くしての死者か不慮の死を遂げた者）が、神の国へも仏の世界にも行けず、村はずれを彷徨（ほうこう）し、現世を呪（のろ）っているために起こるのだと古人は考え、盆になると、それらの精霊を迎えたり、送ったりするのに、人間であることを精霊に見破られないためにふん装し鉦（かね）などの鳴り物に合わせて念仏を唱えながら踊り、霊をなぐさめ、各戸に迎え入れた。これが盆踊りの始まりとされる。

元総社地区のかつての石投げ踊りについて、この唄の音頭とりである加川酉蔵さん（明治四十二年生まれ）は、次のように語る「昔は男は女に、女は男にふん装して踊ったものだ」と。

これは前述の古い盆踊り様式を踏襲したものだった。現在も盆踊りに浴衣を着たり、音頭とりが鉢巻きをするのも、古い盆踊りのふん装の名残なのである。

なお、この石投げ踊りの踊り手は踊りの中で手拍子を打つのに、腰をひくめ指先を地下に向けて打つのである。これは地下に眠っている精霊を、この手拍子の音で目ざめさせ、自分を加護してもらうためなのだ。

八木節の出現以前には、この石投げ踊りをはじめ、県下各地に十九種程の貴重な盆踊り唄が伝承されていた。しかし八木節の到来で、そのほとんどが消滅してしまったのである。まさに「歌は世につれ」の言葉通りである。

（一九八七年八月十八日掲載）

〈総社の縁切り薬師〉

世相映し祈願者増

「弁護士に依頼しても離縁できないものが、この縁切り薬師に祈願すると必ず離婚できる」と自信のほどを、地元の人々は語る。この薬師さまのことを「縁切り薬師」と呼ぶ。前橋市総社町字阿弥陀寺にある。かつては、この薬師さまの前の道は、結婚前の娘や結婚後の女性は通らなかった。この薬師の前を通ると、薬師さまに離婚させられてしまうと言ういい伝えがあるからなのだ。

縁切り薬師は、石でつくられ古いホコラの中に安置されている。そして、石質の見分けがつかないほど、白く化粧が施され、この薬師の周囲には、高さ二十センチほどの小薬師が幾百体も奉納されている。離婚をかなえてくれると、本尊に化粧してやるのと、この小薬師一体を願かけ礼とするのが、たてまえとなっているのである。昭和三十年の私的調査の折には、小薬師が現在の三倍近くもあった。この薬師さまは、現在までどれだけ多くのカップルの離婚を司（つかさど）ってきたことか。それにまた、悲しい現象でもある。

本尊の薬師の傍らには、現在も紙に離縁を願うカップルの名前が書かれ奉納されている。一例であるが、男四十八歳の氏名、女四十四歳の氏名がある。このカップルは名字が同一であることから夫婦とみえる。事情あって離婚の祈願をしたのであろう。昭和十四年五月十二日生まれの男の氏名。昭和十三年三月二十八日生まれの女の氏名が書かれている。男女の名字のちがうところから、不倫のカップルの離縁の祈願とみえる。他にも写真付きのものなど祈願者は多い。

かつては、この地区に住む岩丸団次郎さん（明治十九年生まれ）が、この薬師の濃厚な信者で、団次郎さんに離婚をお願いし、祈願してもらうと必ず離婚はかなえられたとか。この地方では「縁切り団さん」で名が通っていた。団次郎さんも数年前にこの世を去ってしまった。

この薬師が縁切り薬師と呼ばれることに、一つの俚伝（りでん）がある。

「むかし、長尾の殿さまが城内に掘った堀から水をあげようとしたが、水はあがらなかった。そこで若い一人の女性を、無理やり堀に沈め人柱としたところ、その女性は地上に上りたいと言って死んで行った。そこで人柱となって犠牲になったその哀れな女性を、人々は薬師如来として祀（まつ）った」――これがこの縁切り薬師なのである。

薬師如来本来の信仰は、病気平癒として医薬を司ってくれるということにある。このような薬師さまの功徳は、医薬の発達しなかった時代には、上州人の間に薬師信仰は濃厚であったのだ。

ともあれ、この縁切り薬師は現代の世相を反映した信仰形態にあり、ますます隆盛。人は精神的に追い込まれて来ると、神や仏にすがって生きねばならなくなってくる弱い存在のようだ。ここに俗信が生まれ記録しておかねばならない貴重な民俗でもあるのだ。

（一九八七年九月十五日掲載）

鼠よけに拝借、居つく

〈今も現れる大へび〉

明治初年、諏訪神社から蛇を借りて来て返すのを忘れ、現在もその蛇が居ついているという。

利根郡月夜野町後閑の松井菊代さん（明治四十四年生まれ）の家のことである。松井さんの祖先は、沼田藩に仕えた武士であったが、廃藩となると、明治五年三月に月夜野町後閑の茅（かや）ぶきの大きな尼寺に住んだ。

ところが、この尼寺には、昔から鼠（ねずみ）が多く住みついており、養蚕をしたところ蚕を鼠に食い荒らされ、収穫はごく少なかった。これらの鼠をよけるには、月夜野町師（もろ）にある諏訪神社から、蛇を借りてくれれば、鼠は蛇を恐れて姿を見せなくなるという言い伝えが、この地方にあることから、この家のおキヨというばあさんが、師の諏訪神社に行き蚕筒（さんづつ）と呼ばれる竹筒に、鼠よけの蛇を借りてくると、その晩から鼠の出るのがハタとやみ、その年は蚕が豊作だった。

しかし、その年、養蚕が済んでも、諏訪神社に蚕筒（蛇）を返すのを忘れてしまい、蛇は尼寺に置き去りにされてしまった。ところが、翌年の夏から尼寺に大へびが出るようになり、家の梁（はり）を長さ二《メートル》ほどの蛇（青大将）が、ふだんでも雄々と渡り歩いていた。

家族はすっかり困り果ててしまっていたというが、この地方には「お諏訪さまの蛇が出たら、ボタ餅（もち）を作って祈願すれば蛇は姿を消してくれる」という言い伝えがあることを知り、蛇を借りてきたおキヨばあさんが、ボタ餅を奉納したところ、その後大へびは姿を消し、現れなくなった。

しかし、居ついている蛇は時々姿を現す。松井菊代さんが覚えているのは、昭和二十年に大へびが梁を渡って現れ、祖先から言い伝えの「蛇鎖めのボタ餅」を作って奉納したところ、さっそく蛇は退散したという。

山陰地方には、蛇憑（へびつき）というのがあって、人間が蛇に取りつかれるとヒステリーやノイローゼの兆候を示し、異様な面相をして、とっぴな行動を取るようになると、山伏や行者など民間の祈祷師（きとうし）を頼んで、蛇を追い払う俗信や、蛇つきの家として敬遠される民俗が、現在でも残されているが、山陰とちがい関東では蛇を大事にする民俗の一面がある。

蛇に関する信仰も濃厚で、日本古来の宇賀神（うがじん）と、弁財天が集合し、神体を蛇身でつくった石造物などが見られるが、過去の上州と蛇とを切り離しては考えられない。

話は、元に戻るが松井菊代さんのところに、例の大へびが再び現れたのは、昭和六十二年八月二日とのこと。例によってボタ餅を奉納すると、蛇は茂みの中に姿を消していったという。

松井菊代さんは「私は、大の蛇嫌いで蛇を見ただけで恐ろしくなる。しかし、今回出てきたやつは、少々小さかったから孫蛇だと思います」と語っていた。

（一九八七年九月二十九日掲載）

職人の秘伝織り込む

〈民話の伝承過程追って〉

次の民話は、昭和五十年八月五日、長野県にほど近い群馬郡倉渕村下村の塚越キンさん（明治二十一年生まれ）に、お聞かせ頂いた「きいきいのきの助さん」という民話である。
「むかし、きのこ採りの大好きな、きの助さんという人がいたんだとさ。きの助さんはある日、かごを背負ってきのこ採りに、山奥へ行ったんだと。ところが生えているどのきのこにも、大きなナメクジがついていて、きのこをペロペロ、ペロペロとなめているんだとさ。きの助さんはナメクジが大嫌いなもんで、ナメクジのいないきのこを採ろうとして、うんと山奥へ入って行ったんだとさ。すると日が暮れてしまって、家に帰れなくなってしまったんだと。村人は、夜になってもきの助さんが家に帰らないので、神社の太鼓や寺のたたき鉦（かね）を持ち出して、それをたたきながら『きいきいのきの助さん　ドンガラドンドン』と大声で囃子（はやし）たてながら、山奥で一晩中さがしたが、とうとう見付からないんだと。村人は『きの助さんは、ナメクジに食われてしまったんだんべえ』といって、山から帰って来てしまったんだと。きの助さんは、とうとう家に帰らなかったんだとさ」

倉渕村に明治の中ごろから、大正七年ごろまで、埼玉県秩父から毎年秋から冬にかけて、庭師で民話語りの上手な「助さん」という人がやって来て、夜になると炉ぶちに子どもを集めては、いろいろな民話を語り聞かせた。中でも「きいきいのきの助さん」の話は、子どもたちの人気の的で、助さん庭師は炉ぶちを金ひばしでたたきながら「きいきいのきの助さんドンガラドンドン」と語り、子どもを魅了したという。この民話が塚越キンさんの息子の文三さん（大正二年生まれ）に伝承され、さらに文三さんの子どもの文栄さん（昭和二十年生まれ）千秋さん（二十三年生まれ）透さん（二十五年生まれ）にも伝承されており、さらに同村の原田元吉さん（当時助さん庭師が泊まった）にも伝承されていた。

一つ民話の伝承過程を追ってみると、一渡り職人によって倉渕村へ伝播（ぱ）され、語り継がれ、その地域の民話となり親から子、そして孫へと語り継がれる現実は、民話の伝承過程をまざまざ見せられた。今までの民話の調査が、ややもするとある特定の職業人（農業経営者）だけを対象であったきらいがないでもない。一例であるが、かつて松井田町土塩のマタギの土屋権七さん（慶応二年生まれ）の家から、マタギの家にだけ伝わる民話を、数話採集したことがあるが、先祖からマタギの家にだけ伝承されてきたこの民話は、単に聞いて楽しむというのでなく、その職業に生きるがための秘伝的要素を、たっぷり織り込んだ内容のものなのだ。

民話の伝承の方向性と合わせて、職業人にのみまつわる固定的性格をもった民話も、ふまえておかなければならないのだ。

（一九八七年十月十三日掲載）

心にしみる静寂さ

〈利根の語り部〉

沼田市上沼須に住む武井君江さん（大正十五年生まれ）は、数少ない上州民話の語り部である。利根郡池田村発地（現沼田市）に生まれ、幼いころから祖母ヤスさん（明治四年生まれ）から、民話を聞きながら育った。寝床やこたつで聞かされたのだと。雪の降る日に暖かいこたつで聞いた民話のことが、今も思い出されるという。武井さんは現在四十余話の民話を語り継いでいる。その民話の一つひとつの「語り口」に、利根地方独特の趣とイントネーションが興味深い。「むかし、むかしあったげだ」とか「むかし、むかしあったげだぁさぁ」と語り始めるのだ。上州人の民話語りは静かで、心の底にしみてくる。

武井さんは「私が多くの民話が語れるのは、六十年ほど前におばあやんから聞いたとき、民話の一場面、一場面の情景が浮かんできたものである。その情景が今も民話を語るとき現れ、昔ばなしがまちがえず語れるんですよ」と語る。武井さんは八人兄妹の真ん中。当時、兄妹たちと「昔ばなしを聞かせて」と祖母にせがみ、幾話も聞いた後、さらに聞かせてとせがむと決まって、次の民話を祖母は語ったのだと。

「むかし、むかしあったげだぁさぁ、天からフンドシが落ちてきたと。たぐってもたぐっても、まぁだまぁだ落ちてきたと、裏んちの太郎さんも来てたぐれ、前んちの次郎さんも来てたぐれ、上んちのエエさんも来てたぐれ、たぐってもたぐっても、まぁだまぁだたぐりきれねぇんだと」この話を延々とくり返し語り聞かせたという。この種の民話は利根地方に、めんどくさいときの民話とか、終わりのない民話として広く語り継がれている。

また「どんな話でもいいから聞かせて」とせがむとそのときに必ずといっていいほど、次の話を祖母は語り聞かせたという。この民話も、広くこの地方に語られている。
「むかし、むかしあったげだぁさぁ、あるところにアリの糞、ねえところに猫の糞、たけえとこにタカの糞、ひきぃとこにヒキ蛙の糞があったんだとさ」ありきたりの事柄と、ありふれた言葉を、ためらいもなくユーモラスに語り聞かせてきたとは、上州のかつての語り部たちは、言葉の魔術師だったのだ。

現今、県下の語り部はごく少なくなってしまった。その数少ない語り部の所在がわかると、テープレコーダーを片手に、多くの人が詰め寄せて昔ばなしをせがむ。語り部が高齢だけに、ひどく難儀している現実もある。吾妻郡六合村の語り部であるY老夫婦は「多くの方々がやって来ては、昔ばなしを聞かせろと攻められるんですよ。年寄りですから疲れ果ててしまうんです。最近は昔ばなしを、ごく短くして語っているんです」という。

語り部の語る上州の民話は、異様なほど静寂で、そのイントネーションの美しさには、だれもが心を打たれるはずである。

だが、祖先が口から耳へと語り継いできた、貴重な上州の口頭伝承の民俗を、ゆがめて語り継がせるようなことをさせてはならないはずである。

（一九八八年九月五日掲載）

名手の死で旋律を口伝

〈笛のない穴原の獅子舞〉

秋の深まりとともに、群馬では秋祭りが盛んとなる。利根郡利根村穴原では、武尊神社の秋祭りに三匹立ちの獅子舞を奉納する。祭りの七日前から厳しい練習に入る。宿と呼ばれる師匠の家で夜おそくまで行うのだ。この獅子舞に参加できる者は、穴原地区に生まれた長男だけで、小学校五年生ごろから参加する。

この穴原の獅子舞は付帯楽器である笛がないのである。こうした例は全国的にみても、ここの獅子舞だけであろう。その原因は、明治のはじめ、この獅子組の笛の名手であった中沢栄蔵という方が、急死してしまったことにある。この獅子組では、だれ一人として栄蔵から笛を伝承しているものがなかったのだ。そのため栄蔵の死後百余年、笛の旋律を口で歌い現在まで獅子舞を継承してきたのである。

まったく異例のことである。この獅子舞は子どもが舞う稚児獅子。祭りの宵晩には、練習した宿で師匠の見守る中、最後の特訓が行われる。子どもは脂汗をかいて本番に備えてのリハーサルに励む。祭りの当日になると、獅子を舞う子どもは、かすりの着物に袴姿。そして、黒檀づくりの重い獅子頭（イノシシ頭のもの）をかぶり、獅子が先頭でその後に、村中の者が続く。そして獅子舞唄を掛け合いで歌いながら、神社のめぐりを三回まわる。獅子唄は次のようなものだ。

世の中の良いように
駒に角がおいそろう

素朴で優雅な曲想をもった歌である。また村で鉄砲や刀のある家では、それを持ち出して祭りに参加する。刀は抜いて高くふりかざし、銃を持った者は神社の外側をめぐりながら、空に向けて一斉に撃つ。銃声は鋭く静かな秋の山谷に深く深くこだまする。

境内の一段高い所には、古老や村役人がネコと呼ばれる「がば畳」を敷き、その上に正座して、境内での獅子舞を真剣に見守る。獅子は師匠の打つ太鼓に合わせて激しく乱舞する。

古くこの穴原地方には猪が出没し、貴重な農作物を食い荒らしたり、時には人にも危害を与えたりした。村人はこの恐ろしい猪の頭を作り神社に奉納し、猪を鎮めようとした。以後その猪頭をかぶり獅子舞を行うようになったのが、この獅子舞の始まりといわれる。

日本の伝統芸能である神楽や獅子舞、そして祭囃子などの中では、笛がその演奏をリードしてきた。その笛方を失うと微塵もなくその芸能は消滅する。ところが穴原の獅子舞は笛方を失っても笛の旋律を口で歌い、百年以上も伝承してきた。日本の芸能の中でも類のないことである。

しかし、この貴重な穴原の獅子舞も数年前から中止となった。この地に住む中沢喜一郎さん（大正六年生まれ）は「過疎で子どもが少なく、獅子舞がなりたたないのだ」と寂しく語る。さまざまな事情はあろうが、三十代四十代の獅子舞のできる方々で、この伝統ある獅子舞を奉納してほしいものである。

（一九八七年十月二十日掲載）

〈名物尾合の干し柿〉

〝皮むきの名人〟も

利根郡白沢村尾合の干し柿（がき）は、古くから有名。かつては外国へ「赤柿」として輸出されたほどであった。この柿は「信濃柿」と「はちや柿」の二種類。信濃柿は丸味があり萩（はぎ）の串に十個ずつ刺して干す。はちや柿は大きくて先端が突起しており縄につるして干す。

これらの柿は、一本の木に千個も実を付ける。柿の実の収穫は十一月二十日ごろから、十二月初めに行う。柿とりは五十メートルもの高い柿の木の上に登って行うのである。竹ざおの先端を割った「わっぱさみ」と呼ばれるもので、柿に傷を付けないようにして、一つ一つもぎ取る。高い木の上での作業だけに命がけの仕事。過去に幾人かの村人が落ちて死んだ。この地区の小林幸雄さん（明治二十五年生まれ）も犠牲者の一人である。大正七年十二月三日、五十メートルほどの高さから落ちて貴い命を失ってしまったのだ。悲しいことである。

収穫した柿は夕食後、夜なべ仕事として皮むきをする。納屋か囲炉裏のまわりで、皮むき人を雇って家族と一緒に行うのだ。柿むきは特殊な包丁で行う。幅一センチぐらいで長さ十センチほどのもの。柿むきの一人前は、三十分で柿百個をむけることで、夕食後寝るまでに六百個むけるのが普通とされている。皮むきの名人になると、一つの柿を自分の頭上に投げておき、その柿が落ちて来る間に手許の柿を一つむくという早業。

かつては、むいた柿の皮は干しておき、石うすでひいて粉にし、それを「こうせん」に入れて食べたり、この粉を砂糖のかわりになめたりした。

むいた柿の実は、七十センチほどの細い萩の柿串に刺して軒下につるして干す。初冬の農家の周りは黄金の干し柿となる。軒下に干しきれないと露地に「外はつて」と呼ばれる干し場を作って干す。干し上がった柿は箱詰めにして出荷したり、仲買人が来て買って行く。現在は県内外の市場にも出荷する。干し柿の収入は冬期の家計を大きくささえたのだと。尾合の干し柿は、ほとんどの家で終戦直後まで行った。しかし、現在は尾合地区で六軒だけ。減少の原因は、昭和四十年代に黒柿を黒壇の用材として、業者が買いあさり伐採してしまった。さらに五十五年ごろからゴルフのクラブヘッド用として、多くの柿の木が姿を消した。この地に住む小林シナさん（大正八年生まれ）は「柿街道と呼ばれた前原地区の良質の柿の木が、数年前の耕地整理で全滅してしまい、この時は、いい知れぬ寂しさでしたよ」とまゆをひそめて語る。

　尾合の秋の景観は多彩。目にしみるような紅葉、秋を映して流れる片品川の冷たい清流。そして、落葉に変わって晩秋の空を鮮やかに染めるコロ柿。奥利根尾合には、いい知れぬ秋の趣がある。しかし、かつて命がけで生産に取り組んできた名物の干し柿も柿の木そのものが切り去られ、時代の波は谷深い尾合にも押し寄せて来ているのだ。

（一九八七年十一月三日掲載）

小林シナさん方の干し柿

村を挙げ100年取り組む

〈平出地区の生涯学習〉

生涯学習が叫ばれる現在、明治期から地域を挙げて、生涯学習に取り組んできたのが利根郡白沢村平出地区である。

平出には、明治初年ころから生涯学習に対する村の有識者と、すぐれた指導者がいたのである。平出の正眼寺住職の米倉謙龍氏（書家米倉大謙氏の実父にあたる）である。

明治三十五年に知識交換と民業発展の目的で、学友会が発足し目覚ましく活動し、さらに明治四十二年には村を挙げて、報徳社という二宮尊徳の思想を持つ道義的、経済的な趣旨にもとづく会が設立され現在に至っている。報徳社の設立に伴い、学習会は青年会と学業奨励会とに分かれ活動を続けるのである。

他に少年会や壮年会、母の会なども組織され村民一体となって、各組織ごとに活動してきたのである。少年会の設立は明治四十二年、この会の設立も前述の謙龍住職と地域の有識者が当たった。少年会は小学一年生から十八歳までの者が入会した。少年会の活動内容の一部を挙げてみると、学校とは別に謙龍住職が寺で、読み書きの勉強と礼節を教えたり、道路の馬糞（ふん）を集めての販売。少年会の畑作業、木の枝のボヤまるき、さらに道路の処々に杭（くい）を立て、木箱を取り付けその中に麻緒を入れて置き、道行く人の草履や下駄（げた）の鼻緒が切れた時、箱の中の麻緒を役立たせたのである。

現在、青少年の育成会があっても、少年会は今なお健在。また明治の末には、婦人のために謙龍住職が「母の会」を結成。寺に村の婦人たちを集めて学習し、婦人の地位の向上を図ったのである。母の会初代会長には小野ミネさん（明治八年生まれ）があたった。

母の会について、平出地区に住む小野ツルさん（明治三十五年生まれ）は「姉が初代会長だった。当時婦人が学習することなど考えられなかったが、村全体が勉強しようという雰囲気だったので、母の会もちっともおかしくなかった」と語る。

また壮健会は八人が一組となり、祭りの企画と実施などを行った。若者たちは大正から昭和にかけて、酒やたばこを全員でやめ結婚式にすら酒を飲まず倹約し、その金で村に青年会館を建設するのである。その後、青年会館は村全体の学習活動の中心の場となったのだ。

いつの時代においても、社会を担う中心は若者だったのである。かつては洪水で橋が流出すれば橋を架け、田畑が土砂で埋まれば、それを運び出して田畑をつくり、戦争となれば第一線に立って国を守ったのが若者だったのだ。

現在、県内の若者たちの中で、青年団等の団体や、サークル活動などにも参加しない孤独な生き方の若者が多いといわれるが、生涯学習が叫ばれている現在、これらの青年の対策も大事な課題である。

ともあれ利根郡白沢村平出では、村を挙げて百年にもわたって生涯学習を行ってきたことは、高く評価されなければならない。

（一九八七年十一月十日掲載）

険しい坂道、交通の要衝

〈上野村白井の関所〉

十石峠のごく近くに、多野郡上野村白井地区がある。この峠を越えると信州佐久郡に至る。かつて馬子たちが一日十石の米を、信州から馬の背で白井地区に運んで来たことから、この峠を十石峠と呼ぶのである。

上野村には、かつて田はほとんどなく、米は信州から移入する以外になかったのだ。上野村からの馬子の荷はほとんどげたで、信州からの帰り荷は、米、酒、わら、わらじなどであった。米は一頭の馬に三斗六升入りの米俵二俵を付け、馬子が一斗六升入りの米袋を背負って帰り荷とした。

馬子たちは、一回に七頭から十頭の馬を一群として行き来した。運ばれて来た荷は、白井地区に市場がたちにぎわった。今でも当時をしのばせるかのようにこの地に市神さまを祭った石殿が残されている。寛政十三年と銘が見える。今から二百年ほど前のものだ。さらにこの白井地区は、かつて交通の貴重な要所であった。この地を所轄していた大河原金兵衛が寛永八年、今から三五六年前に白井の関所を設置したのである。今は重量感のある自然石に「白井関所跡」と刻まれた石碑が、当時を寂しくしのばせている。

この付近は山坂が厳しく、例えば結婚式のときなど、急傾斜の坂道を嫁が大変だろうと気遣って「坂迎え」と称して、姑（しゅうとめ）が酒肴（さかな）を持って坂の途中まで迎えるのである。息子より先に姑が嫁と対面するのである。そして、嫁がその家に到着すると、玄関の所で嫁と姑の「茶杯」が行われる。一つの茶わんにつがれたお茶を、姑が先に飲み残りの半分を嫁が飲む。このようにして嫁と姑のきずなづくりをおわるのである。

ともあれ「坂迎え」などは、急傾斜の地形のところだけにある珍しい民俗である。ここに住む人々は、こうした厳しい地形の中で平地を、どれほど望んでいるか知れないのだ。上野村の耕地や地域名に「平」とか「原」と名の付くところが多いのである。楢（なら）原、浜平、大平、胡桃平（くるみ）、柿原などもその一例。これらの場所は、猫の額ほどの狭い平地なのに驚嘆する。村人たちが昔から平地にいかにあこがれていたかが、地名からも伺える。

　こうした地形に生活する人々は、荷を運ぶのに馬の背を利用することが多かった。しかし、その愛馬を誤って崖下に落とし、尊い馬の命を失うことがたたあった。白井地区から信州に向かって間もない所に、矢弓沢と呼ばれる難所がある。道幅は三十センチほど、下は八十メートルもある深い谷。この難所で多くの馬が遭難したのである。かつて馬子であった楢原地区の堀川信吉さん（明治二十二年生まれ）は「落ちた馬が死に切れず、ヒヒーン、ヒヒーンと崖下で鳴くと、気あれえ（気荒い）商べえの私どもも、そりゃあ涙が出て、しょうがありませんでしたよ」と当時を語る。

　この矢弓沢の難所には、当時遭難した馬の供養碑の馬頭観音が多く建立されており、昔を悲しくしのばせている。

（一九八七年十二月一日掲載）

〈上州の民間博奕（ばくち）〉

レジャーの一環に

群馬の子どもの遊びに、藤博奕（ふじばくち）や針博奕がある。藤博奕は藤の葉柄を地面に打ち付けて行う博奕である。また針博奕は、子どもが正月に、半紙に「トカモカ・サカモトヤ」と書き、その上に木綿針を投げ、トの字に刺さると、半紙一枚相手から取れる。カは賭（か）ける。サは攫（さら）う。モはもう一枚出す。ヤの上に針が刺さると相手にやる。かつての群馬の子どもの遊びの中には、大人顔負けの博奕遊びがあったのだ。そして、それは子どもだけではない。かつての大人の中にも博奕はあった。女性の中にもあった。

女衆では「本引き博奕」が盛んであった。女五人で五本のヒモの一本の先端に、穴開き銭を結びつけ五本のヒモの先端は一人が隠して持つ。金を賭けて置き、一本ずつヒモを引くのだ。穴開き銭の付いているヒモを引きあてると、賭けた金全額が自分のものとなる。現代のようにカラオケもパチンコもゴルフもない時代には、それがレジャーの一環だったのだ。

県下各地で、かつては民間博奕が盛んであった。一例であるが山深い桐生市梅田での博奕は、江戸時代末期から明治の末まで続けられた。博奕場は根本山か久津平の岩穴の不動穴であった。根本山での博奕は特に盛んであった。警察が踏み込んでも山の尾根伝いに、日光、小俣、足利、佐野、足尾、宮田などの地区八方に逃げられるからだった。

ここでの博奕は年間を通して行われたが、五月の八十八夜と、秋の十日夜（とうかんや）には激しかった。八十八夜の前日は、東京方面から一流の博徒が、金を入れたふろしき包みを背負い、わらじがけ姿で根本山を目ざし群をなしてやって来た。十日夜のころは農家の麦まきも済むので、地元からも多くの人々が参加した。地元の人々は根本山の博奕に行くと言えないので「ツグミ食いに行く」といって登った。この時期は根本山近辺の峰では、網で捕らえるツグミ猟が盛んであったからなのだ。

かつて梅田地区では「博奕のできない男は、バカ野郎かヤクザ野郎で一人前でない」といわれた。地元では博奕に負け、山林や畑、家屋敷まで取られた者、根本山の博奕で真冬に着物まではぎ取られ、フンドシ一丁となり下山するのに寒さしのぎに、山頂にあった地蔵さまの石造物を、荒縄で背負い下山した者、博奕に負け続け思案のあげく、砥石（といし）の両側に天保銭をはりつけ、紙を巻いて賭け、その勝負に勝ち、財産家になった者など博奕の武勇伝は梅田地区には多く残る。

明治末まで続いた博奕の与えた影響は、この地区には大きかった。この地に住む古老たちは口々に言う。「先祖は博奕に巻き込まれ、先祖伝来の貴い財産を失った。この山奥に住みながら、自分の持ち山が少ないのは、博奕のせいなんだ」と。

過去はいずれにせよ、現在この地で生きる人々に努力家が多く、まじめで勤勉なのに驚かされる。それは過去の共同体の体質改善に対する地区民の自覚なのであろう。

（一九八七年十二月十五日掲載）

優れた技術、死産なし

〈取り上げ婆さん〉

群馬における大正期以前の出産の仕方は、誠に非科学的なものであった。

桐生市梅田地方では、嫁ぎ先で産むのが普通であった。出産は主に暗く寒い下座敷で産んだ。それも座産が多く嫁が産気づくと産室で東向きになり、穀俵一俵を手前に置き、その俵に腹ばいになって出産するか、あるいは立産で老婆の腰につかまって産むのが多かった。出産の重い者は、天井から丈夫な縄をさげ、その縄につかまって出産した。その縄を力綱と呼んだ。女性の出産の苦痛は、男衆にはうかがい知れないものだという。群馬の譬（たと）えの中に「嫁の出産どきには、夫にウスを担いで家の周りをかけ回れ」とある。やはり出産は悲痛なことなのだ。

かつては難産で母親や子どもが死亡することがたたあった。母親が死亡すると川端に三角か四角の赤色の布を竹柱に張り、その布には経文を書きヒシャクを置き、道行く人にそのヒシャクで、布地に水を掛けてもらったのだ。これを流れ灌頂（かんじょう）という。水をかけ赤色があせると、出産での死者が極楽に行けるのだと。また出産で子どもが生まれず母親もろとも死亡のときは、白地の布となる。

川に恵まれない家では、道端に一斗樽（だる）に布を張り麻縄で縛り、近くに桶（おけ）に水をくんで置き、道行く人にヒシャクで水を掛けてもらった。流れ灌頂を見ると見知らぬ旅人までが、それを哀れみ水掛けに協力したという。それは死者が極楽に行けることを願っての現世に生きる人の心のやさしさなのだ。

なお、出産には「取り上げ婆（ばあ）さん」と称する産婆がいた。桐生市梅田町上原には、特に優れた取り上げ婆さんがいた。現在この地に住む桑原政太郎さん（明治四十年生まれ）の曽祖母（そうそぼ）にあたる勢喜子さん。この方は嘉永元年、栃木県安蘇郡上産間村に生まれ、慶応二年梅田上原の桑原吉五郎さんに嫁いできた。取り上げ婆さんとしてその技術に優れ、近郷近在にその名は知れ渡っていた。出産の知らせがあると、真夜中でも馬の背に乗せてもらい、出掛けては取り上げてやった。産後、栄養失調の母親がいると、自分の家から食べ物を持って行って与えたり、また産後の具合の悪い者には、桐生市内の松島という薬屋から薬を取り寄せ与えたという。子どもの名付け親になったり、そのうえ取り上げ料は一切無料であった。

取り上げ婆さんの石像

古き時代とはいえ、何と献身的なことだったのであろうか。いずれにせよこの取り上げ婆さんの世話になった者で、子どもの死産は一人もなかったという。

大正七年、この取り上げ婆さんの世話になった有志百四十七人が、その献身的な行為にむくいるため、本人の石像を建立したのである。高さ七十五センチの座像である。

月に人工衛星が打ち上げられ人間が到着することよりか、人間の生命の誕生することの方が、どれだけ尊いことかしれないのだ。取り上げ婆さんの石像は、本人の自宅北側に現在も大事に保存されている。

（一九八八年二月二日掲載）

神社で赤飯の争奪合戦

〈片品村越本のにぎりっくら〉

利根郡片品村越本には、四百七十年ほどの歴史を持つという「にぎりっくら」行事がある。

この地区には、この行事のほかにも珍しい民俗行事が多く、八月二十日の風祭り、八月二十七日の鉄砲祭り、それに年三回行われる天狗（てんぐ）祭りなど、秋の行事だけあげてみても、目を見張るものがある。

このにぎりっくら行事も古くは、申（さる）の日に行ってきたのであるが、太平洋戦争後は、十一月三日と定め現在に至っている。

この祭りの当日には、当番に当たる家々からにぎりっくらの主役となる赤飯を、飯台や飯櫃（びつ）に入れて神社に持ち込んでくる。当番でない各家ではお神酒を神社に奉納する。

当番の家の赤飯が神社に届くころになると、地区の子どもも大人も身軽な服装に着がえて、神社の境内に三三五五集まってくる。毎年二百人もの人出となり、狭い境内は人波で埋めつくされる。そして、異様な熱気になる。

当番の家からの赤飯が拝殿に奉納し終わると、神官が祝詞をあげ区長の合図で、この地区の五つの部落の代表役員が、奉納された赤飯の入った飯台や櫃を拝殿から持ち出す。村人は息を殺して、それをじっと見守る。飯台を持った役員が拝殿から境内に飛び降りると、待ちかまえていた村人たちは、猛然と役員の持つ飯台の赤飯とりに襲いかかる。役員はとられまいと境内を逃げ回る。後を追う村人の群れ。静寂だった境内は一瞬にして騒然とした赤飯争奪戦の渦となる。

赤飯の入った櫃の中に手を突っ込み、われ先にと赤飯をにぎり取ろうとする。村人の顔も衣服も赤飯だらけ、争奪の渦に巻き込まれて泣き叫ぶ子どもの声、思う存分にぎり取れた歓声とが境内に交錯する。

この激しいにぎりっくら行事は、越本地区に秋の終わりを告げるのだ。

神社でのにぎりどりの争奪が済むと、村人は各地区にある氏神の参拝に行く。すると氏神にも当番の家から赤飯が、大きな櫃に幾つも用意されており、参拝の村人全員に分け与えられる。村人ばかりか参けいのだれにでも存分与えられる。

当番になった家では、この行事にもち米を何十キロも消化するのだといわれる。古くはこのにぎりっくら行事で、ご利益にあずかった赤飯で、二、三日はことたりたというから驚嘆する。すばらしくダイナミックな越本地区の生活古典といえよう。

このにぎりっくら行事に参加し、多くの赤飯をにぎり取れると、それだけ多く作物が豊作になるのだと、さらに疫病にかからないのだという。

四百年余にも渡って、この激しいにぎりっくら行事を支えてきたのは、片品村越本地区に住む人々の信仰心の深さ以外に、何ものもない。そして災害や天災に遭遇しながら、それを少しでもまぬがれようと、この行事に心を寄せてきたのである。越本地区の人々は生きることに、より真剣だったのだ。

（一九八七年十月二十七日掲載）

在世の罪の軽減願う

〈十王信仰の石造物〉

人は死亡すると次の世で十人の裁判官によって、生前犯した罪の軽重を決められるといわれる。恐ろしいことだ。古人は死後に少しでも罪の軽減してもらうべく、生前に十人の裁判官（十王）の石造物を建立し供養してきたのである。この十王信仰は古く平安時代末期から、庶民の間で濃厚に行われてきたのだ。そして、十人の裁判官は次のような過程で、死者の裁判をするといわれる。

まず、ひと七日には、秦広王（しんこうおう）の裁判を受けるのである。そして、ふた七日は初江王（しょうこうおう）、み七日は宋帝王（そうていおう）、よ七日は五官王（ごかんおう）、いつ七日は閻羅王（えんらおう）、む七日は変成王（へんせいおう）、四十九日は太山王（たいさんおう）、百か日は平等王（びょうどうおう）、一年忌には都市王（としおう）、三年忌には五輪転輪王（ごりんてんりんおう）と裁きを受けるのだと。

特にいつ七日の担当である閻魔さまの裁きは厳しく、現世の人々に恐れられている有名な裁判官である。

現世社会の裁判も長びくといわれるが、死後の世界でも、三年にも渡っての裁きを受けなければならないのだ。そして、その果てに地獄か極楽へと人は行かなければならない運命にあるのである。

センサーが自家用車にまで使用されている現在、死後の世界で地獄か極楽へ追いやられるなどといったら、一笑に付されることだろうが、しかし、上州の古人たちは、そう信じ死後の世界を現実のものとして真剣に考えてきたのだ。

さて、十人の裁判官が裁く各庁舎では、罪の軽重を判定するのに、さまざまな判定用具を用いた。その判定用具の石造物が、前橋市上小出町の香集院に残されている。

まず「人秤り」でこれは亡者を縄で縛り秤（はかり）にかけ、生前の罪の軽重を秤の目盛りの上がり下がりで判定するのである。写真で見るように亡者が首を縛られ下向きにつるされ、秤の竿（さお）には重そうな錘（おもり）が付けられている。次に「人頭黄杖」である。亡者の顔が二つ並べて石の上に置かれ、裁判官はその亡者の顔を見たり、鼻でかぎ生前の罪を判定するのだという。さらに「鏡」であるが、亡者をこの鏡に映すと、生前の悪事が鏡の中に現れ、それによって罪の判定をするというのである。

冥（めい）府の世界は、何と恐ろしいことが待ち受けているのであろうか。

十王の石造物は県内に諸所見受けられるが、判定用具の石造物は珍しく、香集院のものは貴重とされている。

科学時代に生きる現代人ですら、自家用車の中に守札をつるしたり、建築現場の地鎮祭など見受けられるが、人間はしょせん、弱い存在なのだ。

古人が生前に十王を供養し、次の世で判定に手ごころを加えてもらおうとした、純粋な心が分かるような気がする。

香集院の石仏

（一九八八年二月九日掲載）

自然を遊び仲間に

〈春のわらべうた〉

暮坂峠を越えると、雪深い吾妻郡六合村である。この地方では、フキノトウのことを「じゃおうじ」と呼ぶ。春の雪解けがはじまると、雪の間に鮮やかな黒土と、そこに目にしみるような薄緑のフキノトウが顔をのぞかせる。

子どもは小さなざるを持って、待ちかねたようにフキノトウ採りに出掛けるのだ。フキノトウを摘みながら

じゃおうじ、権現水権現
いまでりゃ出めえ
出なけりゃ焼け死むぞ

六合村のフキノトウ採りのわらべうたである。

山菜の宝庫六合村では、春から初夏にかけて、ワラビやゼンマイ、タラノ芽など多くの山菜が採れるが、山菜の初ものがフキノトウなのだ。子どもたちの歌うこのうたが冷たい谷間に流れると、それは春遅い六合村の春の訪れなのである。

昭和四十五年この歌の採集の折、この地に住む山本茂平さん（明治二十四年生まれ）は「最近、じゃおうじ採りの専門の者が来て、ほとんど採って行ってしまうし、子どもがじゃおうじなど採らなくなりましたよ」と語ってくれた。県下でフキノトウ採りのわらべうたはほかにはなく、貴重なもの。六合村に早春を告げたこの歌が、六合村の谷間から消えて、もう久しいのだ。

子どもの摘んで来たフキノトウは貴重がられた。小刻みにしてみそとまぜ「つけ木」（幅五㌢、長さ十㌢、厚さ一㍉の薄い松板で先端に硫黄の付いた火付け板）にそれを塗り、囲炉裏の遠火でこんが

りと焼く。これが有名なじゃおうじみそなのである。じゃおうじみそは風邪の特効薬といわれ、かつて貴重がられた。また、やきもちの「ぐ」として、フキノトウを入れた。フキノトウの入ったやきもちは、ほのかな苦味と、いい知れぬフキの香りがあり、これを食べると風邪にかからないのだと。

こうもりこっこ　くそこっこ
おめえのぞうりは　くそぞうり
おれのぞうりは　金ぞうり
欲しけりゃ　やるから追って来い

藤岡市日野地方のわらべうた。早春の夕暮れ空を乱舞するコウモリは、子どもたちの頭上すれすれまで降りてくる。子どもはコウモリめがけて棒切れや土くれを投げる。コウモリは獲物と思うのか素早くそれを追いかける。早春の夕暮れのコウモリと子どものドラマの展開なのだ。子どもは大声にこのうたを歌いながら、自分のはいていたぞうりを、コウモリ目がけて空中に投げ上げる。それをコウモリは追いかけてくる。

かつての子どもは、ぞうりで天気占いもした。空中にけ上げて落ちたぞうりの裏が出れば翌日雨。鼻緒の付いている表が出れば天気なのだと。子どもは、虫も植物も小鳥も履物も、出合うすべての物が自分の遊び仲間であり、そして、遊び道具でもあったのだ。コウモリも早春の仲間だったのである。

（一九八八年三月一日掲載）

〈初夏のわらべうた〉　多い　麦にちなんだもの

群馬の初夏のわらべうたには、麦にちなんだものが多い。昭和六十二年度、群馬の麦の生産高は全国第四位ときく。初夏の風にそよぐ麦穂の様は、あたかも大海原を思わせる。群馬の初夏の風物詩の一つである。

ひばりは麦畑の上空をさえずり鳴く。子どもは、そのひばりに向かってわらべうたを浴びせる。

ひばり、ひばり子を捕るぞ
子がいなけりゃ巣うとるぞ

勢多郡新里村で採集のうた。かつて子どもは、ひばりの子を捕えて来て餌付け、軒下で啼（な）かせて楽しんだのだ。ひばりは知性的な鳥で、空高くで啼き巣のある所よりやや離れた所に舞い降りる。そして、巣まで地面をよちよちと歩いて行く。

人間に巣のあるところを知られないためなのだ。しかし、ひばりは巣のあるところから、啼きながら空に舞い上がるので、その下に巣のあることを、子どもに発見されてしまうのだ。

ひばりも利口だが、子どもはさらに知性的なのだ。子どもは自分の背丈ほどもある麦の中を歩き廻（まわ）り、麦の黒穂（黒穂病で穂の黒い麦）を見付け、穂先を持って引き抜く、ギューと異様な音が手に伝わってくる。黒穂病にかかった麦は収穫にならないので、取ってもよいのだ。子どもはこれで麦笛を作るのである。

麦笛づくりには二通りある。茎に節を付けず十センチほどに切り、片方の先端を歯で咬（か）みつぶして吹く、低音で鳴る麦笛ができる。今一つは、麦の茎の先端に一節つけて十センチほどに切り、節の手前に親指の爪を差し込んで、五センチほどを割る。節の付いていない方から吹くと、ピーピーとかん高い音がする。麦笛を吹くとき子どもは次のうたを歌うのである。

お天道さま　お天道さま
この麦くんな、ピーピーっと鳴れ

邑楽郡千代田町で採集のうた。麦笛を吹くと口の中に、ほのかな麦の青くさい初夏の香りが残る。子どもたちの吹く麦笛と、ひばりのさえずりが麦畑に交錯する。上州の初夏の田園の風情でもあるのだ。

小麦より早く大麦の刈りとりが始まる。この時期の夕暮れになると、ほたるが飛び交いほたる捕りが始まる。かつてはほたるを入れるのに、麦葉でほたる篭（かご）を子どもが編んだ。黄金色の新しい麦葉のほたる篭を持って、夜ほたる捕りをする。麦葉篭の編めない者は、ねぎの太い葉の中に捕ったほたるを入れる。緑のねぎの葉の色に、ほたるの放つ光がコンジャクトして、いい知れぬ夜の趣となる。これをねぎぢょうちんという。ほたるを捕りながら次のうたを歌うのである。

ほほ、ほたる来い、やんぶし来い
あっちの水はにげえぞ
こっちの水は甘えぞ　ほほ　ほたる来い

桐生市梅田町で採集のうた。かつての子どもたちは、自然を背負って生き抜いて来た。なんとたくましい生き方だったのだろう。そして、その生活の中に歌があったのだ。情緒のある生き方だったのだ。

（一九八八年六月七日掲載）

空っ風　人情がはぐくむ

〈冬のわらべうた〉

上州の空っ風と冬の寒さは特に厳しい。この情景を歌ったわらべうたは数多く伝承されている。桐生市梅田のタッペのうたもその一つ。

次郎太郎タッペの子
タッペがへえたら（生えたら）
ふんげえせ（踏み倒せ）

タッペは、この地方の方言で霜柱のこと。谷深い梅田の冬は特に寒く、霜柱は十五センチほどの高さに生える。かつての子どもは藁（わら）草履ばきで、このわらべうたを歌いながら、われ先にと霜柱を踏み倒し歩く。ザクッ、サクッと異様な音がする。この異様な音が歌のリズムを刻む。厳寒の梅田地方でなければ聞けない歌である。

上州の冬の空は変わりやすい。明るい空がにわかにかき曇り、たちまち暗黒の世界に一変する時もある。そして、空っ風は三国連峰裏の雪を上州路に持ち運んでくる。これを「風花」と呼ぶ。こんなとき子どもは太陽の光を求めて、次のわらべうたを歌うのだ。北群馬郡吉岡地方のうた。

お天道さま　お天道さま
炭一俵やるから顔を出せ

また、あまりに空っ風が荒れ狂う日は、凧（たこ）も揚がらなければ外遊びもできない。このとき空っ風に向かって次のうたを浴びせるのだ。勢多郡富士見村で昭和四十五年に採集のうた。

風さん風さんやんどくれ
晩にはトロロをしてあげる

風に向かってやんでくれと歌うわらべうたは、全国的にも例がない。空っ風群馬ならではの歌。詞章にも「風さん」と敬語を付け、さらにはトロロのサービスをするからやんでほしいなど、上州の子どものお人好しの気質と、祈りの心がこんなわらべうたからもうかがえる。

なお、次のわらべうたも勢多郡富士見村のもの。

凧、凧あがれ
天まで揚がって
穴みせろ

かつての群馬の子どもは、寒を凌（しの）ぐのに綿入れはんてんを着た。そのはんてんの袖（そで）で鼻汁をこすり、はんてんの両袖は鼻汁がこびり着きピカピカに光っていた。空っ風と土ぼこりにまみれながらの凧あげうたである。

上州人は開けっぱらいだとか、屈託がないといわれるが、この凧あげうたのような開放的なうたを、群馬の子どもは歌いながら大人になっていったのだ。このわらべうたも群馬ならではのうたであり、群馬の冬の子どもの情景が実によく、にじみ出ているうたである。

群馬という空っ風と寒さの風土の中で、群馬の子どもは自然を背負って、精いっぱい生き抜いてきた。その情景が一つひとつのわらべうたの中に、巧みに秘められているのである。

現代のわらべうたのように、コマーシャルソングを交ぜこんで歌っているのとちがい、群馬の伝承わらべうたには、上州人気質の素地が疑いなく秘められているのである。すばらしい文化遺産なのだ。

（一九八八年一月二十六日掲載）

杉と深いかかわり

〈酒造り〉

酒造りにあたる職人を杜氏（とうじ）と呼ぶ。

群馬の杜氏は、古くから越後から来る者が多かった。杜氏が酒造りにやって来るのは、秋十一月から三月ころまでであった。出稼ぎの仕事であったのである。新潟の杜氏はねばり強く、その上責任感が強いので、良質の酒を造りあげることができるのだと。

酒造りは過酷な仕事で、朝は午前三時ごろからはじまり、そして夜はおそく、特に仕込んだ諸味（もろみ）が発酵する時には、大きな泡が出るので、その泡を消すために徹夜の作業となる。利根郡白沢村高平の大利根酒造の主人である阿部淳一さん（昭和二年生まれ）は「古くから私の家にも越後から多くの杜氏が来ましたが、越後の人は驚異的な辛抱強さがあり、あの辛抱強さが良質の酒を造り出すんですよ」と語る。

酒造りは酒味造りといって、うるち米の諸味を仕込み、初添（はつぞえ）、中留（なかどめ）、留添（とめぞえ）の過程を経て、最後にもち米の甘酒を加えて清酒にするのである。この技術を知っているのが杜氏なのだ。

酒造りには歌がつきもので、杜氏は美声の持ち主が多く、酒造りの過程でそれにまつわる酒造りうたを歌うのだ。樽（たる）洗いの時には流しうたを歌い、酒母づくりの時は酛（もと）すりうた。そして、水汲（く）みやお湯汲み作業などの一つひとつに歌が付くのである。杜氏のことばに「うた半給金」と言うのがある。歌は給金の一部であり、酒造り作業の中で歌が出るようになると、一人前の杜氏なのだと。

なお、昔の酒造りには杉の葉はかかせない付帯物であったのだという。酒の防腐の役になったのが杉の若芽で、山から杉の葉を採って来て酒に漬けたのである。杉からは特殊なヤニ（油脂）が出る。このヤニが酒の腐るのを防いだのだ。

酒造りをする家の門口に、酒林（さかばやし）と呼ばれる杉の葉製の大きな玉がぶらさげてあるのは、過去のこうしたことの名残であるとともに、酒林は酒屋であることのあかしであり看板でもあるのだ。

ともあれ、杉と酒の因果関係は古くから切り離せなかった。現在でも樽酒というと酒の価値が高く、香りが良い酒とされているが、杉板製の酒樽に酒を入れると、杉板から出る杉ヤニ（フーゼル油）が酒にしみ込んで、香り高い名酒とされるのである。しかし、この風フーゼル油は人の脳神経をおかし、頭痛のもとになるのである。私どもが日本酒をお燗（かん）して飲むのは、このフーゼル油を蒸発させ、頭痛を防ぐための手段でもあるのだ。

古くから酒は人間の生活から切り離すことのできない貴重なものであった。古代においては、酒は神だけにささげた神聖なものとされ、次に神に仕える者だけがご神酒として頂くことができ、時代が下ると一般化しアルコール中毒者の出現を招くに至ってしまった。古代人はこの現実に苦笑しているにちがいない。

（一九八八年三月八日掲載）

〈竜舞の万灯祭り〉

若衆が力自慢競う

群馬では三月の半ばから四月にかけて、春祭りが酣（たけなわ）である。春祭りは、その年の穀物の豊作や、無病息災などを願って行われるのである。

太田市竜舞の加茂神社では、四月十五日に万灯（まんどう）祭りが行われる。現在は第二日曜日。この万灯祭りの起源は、昔、竜舞地区の武藤大悦氏宅に泊まった旅人が、京都の万灯祭りを教えたのが始まりと伝えられる。しかし現在見るような万灯は、江戸時代末に下宿地区の喜太郎という人によって、編み出されたものだと伝えられる。

祭りには、竜舞の各地区から万灯を持ち寄る。大万灯は高さ四メートル重さ六十キロもある青竹製のものを、若衆が力自慢を競ってかついで、加茂神社の大門通りを練り歩く、沿道の見物人は万灯から垂れ下がった竹ヒゴや花（造花）を取ろうと襲いかかる。取れたヒゴは家に持ち帰り、ヒゴは蚕のはき立てに使うとその年蚕が豊作となり、花は家の中に差して置くとネズミ除けになるのだと。子どもは小万灯と呼ばれる高さ二メートルほどのかわいい万灯をかつぐ。大正期までは村中を練り歩いた。この万灯を編み出したとされる下宿地区を先頭に、他の地区の万灯が後に続く。万灯行列が途中休む中宿の家も決まっていた。昔、行列が宮本地区にさしかかると大雨にあい、宿で十日間も過ごしたというエピソードも残されている。

万灯行列の花形は、なんといっても夜の行列で、長々と続く万灯には灯明がともされ、灯明の灯は暗い春の夜道をほのかに照し、行列を浮き彫りにし、いい知れぬ祭りの風情をかもしだしたものだと古老はいう。

この情緒豊かな万灯行列も昭和に入ると、村中歩くのが中止となり、大通りを練り歩くだけになってしまった。この万灯祭りが盛大であった時代には、各地区に万灯作りをする専門の家があった。現在でも屋号が「万灯屋」と呼ばれる家も残されている。戦後になると万灯を作る者も無くなり、春の祭りも万灯の無い殺風景な祭りとなってしまった。しかし、昭和四十五年落打地区の飯島己一郎さん（明治四十三年生まれ）がそれを歎き、家族の協力を得て万灯作りに着手し、十六個の万灯を見事作りあげた。その後、己一郎さんの指導と影響もあってか、現在では竜舞十三地区で万灯を作り見事復活したのである。

　祭りの付帯物である万灯は、万灯が単なる祭りの装飾ではなく、万灯に神が降臨し神さまの依代（よりしろ—神がやどる）であるとされてきたのだ。そのため万灯の下に入ると厄除けになるとか、万灯の一部を家に持ち帰ると、ご利益（りやく）があるとされるのである。

　竜舞地区の万灯作りの復活に、多大な業績を残した飯島己一郎さんも、昨年十二月この世を去ってしまった。調査の折己一郎さんが「祭りに万灯がねえと、何んだか寂しくってね、家の者に手伝わせて二カ月がかりで十六個だけ作って、祭りに出したらみんな喜んでくれたんですよ」と語ってくれたのが今更のように思われる。

（一九八八年四月五日掲載）

風雪に耐え息づく

〈下牧の人形芝居〉

利根郡月夜野町下牧に、三人遣いの人形芝居が伝承されている。座員は現在十四人、うち女性が三人いる。三人遣いの人形というのは、一体の人形を三人で操るのだ。

下牧のこの人形芝居は、今から三百年前の元禄年間に、地元の村人が伊勢参りに行き、四国の金比羅さまに立ち寄った折に、人形の頭五個を記念に買い求め、この頭を使って下牧で人形芝居を行ったのが、下牧の人形芝居の始まりと古老はいう。

この下牧の人形芝居をより発展させたのは、明治の初めこの地に「勘さん」本名吉田勘十という人形遣いの名人が現れた。勘十は人形遣いはもちろん、人形の頭づくりにたけていた。彼は「人の彫った頭では表情が芝居に出せない」と口癖に言っていたという。勘十のこの教えは、この座の人々に伝わり、現在この座の長老である入沢久三郎さん（大正三年生まれ）は、人形遣いのかたわら、人形の頭づくりに専念している。入沢さんの今までに彫った頭は百五個、人形の手足三十五、キラは百点以上を制作している。人形芝居に賭（か）けた男の一念を感じさせる。

下牧のこの人形芝居は、通称雨降り人形と呼ばれる。師匠の吉田勘十が雨が降ると、野良仕事のできない村人を集めて、芝居を教えたからなのだと。この人形芝居の上演は、春、秋の村祭りに鎮守の牧野神社の境内にある舞台で行われた。しかし、この舞台は戦後間もなく火災で焼失し、現在は公民館で上演する。この人形芝居は、いつの時代も木戸銭を取らないのが特徴である。

長い伝統を持つこの人形芝居も、昭和三十年代後半から後継者に恵まれず、特に地元の義太夫語りを失ったのは打撃となった。現在は上牧地区の登坂晴治太夫や、沼田市の鬼美代太夫の協力を得て継承している。

古くこの人形芝居に属する者は、下牧に生まれた長男でなければならなかった。婿入りして来た者などは、芝居の「早がわり」などの秘伝の技術は、絶対に教えてもらえなかったという。この座のかつての格式の高さが知れてくる。しかし、数年前地区の青年有志が、この人形芝居に感心を持ち、人形遣いの技術を習得し、現在、松井一夫さんほか四人が座員として活躍中である。入沢久三郎さんは「消滅があやぶまれていた人形芝居に、若衆が加わってくれて、そりゃあ涙が出るほどうれしいですよ」と語る。

ともあれ、群馬の地芝居は、過去において警察の激しい弾圧を受けながら、生命を保ってきた貴重な芸能の一つなのである。下牧の人形芝居も、明治から大正にかけて激しい弾圧を受けてきた。練習も警察の目を避けて、土蔵にもぐって行ったこともあったという。百姓が芝居に熱中すると生産が落ち、年貢に事欠くという、お上の考えからでもあったのだ。減反？が叫ばれ、生涯学習の一環と銘打って、カラオケの盛況をみるとき、あまりの時代の変遷に驚嘆する。

（一九八八年四月十二日掲載）

月夜野町下牧の人形芝居

春の食卓にぎわす

〈神流川（鬼石）のあわこ〉

春の真っ盛りというのに、奥多野の春は遅く御荷鉾（みかぼ）山の瀬雪が、春の浅さを告げている。鬼石町を流れる神流川の清流は、両岸の名石・三波石を映して流れその趣は、いい知れぬ美しさがある。

三波石の名称の起こりについて諸説がある。

その昔、鬼石地方を治めていた山下城の城主であった真下侯が、三波殿と呼ばれていた。

この真下侯は、鬼石地方の変成岩を深く愛好していたことから、この石を「三波殿の石」と呼ばれ、その後「三波石」の名称となったのだという。三波石についての学術的研究は、明治十九年東京帝大（東京大学）の小藤文次郎教授により解明がなされている。

鬼石町では、鬼石地域を中心に神流川の両岸の三波石四十八個を「三波石四十八石」と銘打って、昭和三十二年に指定し名石の散策ができるようにした。四十八個の名石の一石目は「一香石、二香石、三香石」で栢ケ舞（かやかぶ）地区の神流川の左岸に連なる三つの石で、魚鱗に似た三つの波状に見える名石である。二石目は「日暮（ひぐらし）石」で、三波石特有のしま模様が美しく現れており、終日見ていてもあきが来ない名石。四十八石目は「阿弥陀石」と呼ばれ、あみださまのお姿に似ている石である。四十八石のいずれの石にも名称と、その石にまつわるいわれがあるのが興味深い。この地区には、これらの名石の保護と来訪者の案内に、百年余り当たってきた家がある。

鬼石町譲原（ゆずりはら）の桜井政男さん（昭和九年生まれ）方である。祖父儀三郎（明治六年生まれ）父恒太郎（明治三十三年生まれ）から石守りを引き継ぎ、政男さんで三代目である。天然記念物の三波石を一家をあげて守り続ける姿には頭の下がる思いである。

この名石の立ち並ぶ神流川には、三月から四月にかけて「カジカ」が産卵する。この卵のことを、この地方では「あわこ」と呼び、子どもがあわこ採りをするのだ。カジカは大人の頭大ほどの石の裏側に産卵する。その石のそばには、必ず一匹のカジカが番をしているので、卵のある石はすぐわかる。子どもは冷たい川に入って真っ先にカジカを捕らえる。カジカはくし刺しにして焼き保存しておき、うどん汁のだしに使う。カジカのだしは天下一品の珍味だと古老は絶賛する。あわこは、かずのこに似た黄金色をしており、大きいものは直径十センチほどもある。石をはがすと石の裏に美しいあわこが張り付いており、採って来たあわこは生じょうゆで煮つけ各家庭の春の食卓をにぎわす。鬼石町本町に住む小竹博さん（昭和九年生まれ）は「私の子どものころは、春になるとあわこ採りをよくしたもんです。学校帰りに弁当箱にあわこをいっぱい採って家に持ち帰ったもんですよ。昭和四十三年に下久保ダムが出来てから、カジカは姿を消し、春になっても、あわこを見ることができなくなってしまいました。寂しいことですよ」と語ってくれた。

（一九八八年四月十九日掲載）

江戸期、全国に広める

〈大島梨子栽培の創始者〉

白い梨子（なし）の花はかれんで、甘ずっぱい香りは、晩春の趣を告げてくれる。

県内には梨子の栽培地として、藤岡市や榛名町、邑楽郡、前橋市などがあげられる。梨子栽培には、乾燥地が最適といわれる。前橋市下大島町地区は、旧利根川跡の砂地で現在、この地区でも梨子の栽培が盛んに行われている。

　かつて、この地域は乾燥が激しく、その上地味が悪く作物の収穫は誠に悪かったと伝えられる。しかし、この乾燥地に梨子の栽培を試みて成功したのが、この地の百姓生まれの関口長左衛門（文化五年生まれ）である。

　彼の家の耕地も砂地で乾燥が激しく、作物の収穫は思わしくなく、自分の家が倒産寸前に追い込まれていた。長左衛門はそれを救うため、養蚕に力を入れたが、それは失敗に終わり、次に彼は漆栽培を始めるのである。しかし、地域の多くの人々が「漆かぶれ」にかかり、地区民の猛反対に合って、漆栽培は断念せざるを得なくなり、これまた失敗に終わるのである。

　しかし、研究熱心な彼は、相次ぐ失敗に屈せず、乾燥地に梨子栽培が適することを知り、梨子栽培の研究に取り組むのである。そして、佐波郡玉村町五料の伊与野清次郎という研究者より「梨木の伝」という本を譲り受け、それをもとに、さらに栽培の研究を深め、ついに現在、見るような「梨子の棚づくり栽培法」に成功するのである。特に文政十三年、長左衛門が二十歳のときである。

　長左衛門栽培の梨子は、味が特に美味で前橋藩主の松平侯に梨子を献上したところ、絶賛され、それ以後、毎年前橋藩に献上となるのである。

　長左衛門の栽培法は近郷近在はもちろん、やがて全国的に知られてくるのである。安政六年には、伊勢国津藩（現在の三重県）の藤堂侯より栽培についての依頼を受け、その栽培に成功し、藤堂侯より多大の金品を授与されるのである。さらに備中（岡山県）藩主の木下侯のもとより、二名の梨子栽培の講習生が、長左衛門のもとに派遣され長左衛門の直接指導を受けた後、備中に帰り梨子栽培を広めるのである。

　現在、全国的にも有名な岡山の梨子は、一上州人である長左衛門の指導が、きっかけなのである。梨子栽培の神さまと呼ばれ多大の功績のあった長左衛門も、明治五年一月二十五日、六十五歳でおしくも永眠となった。

　地元の人々は長左衛門の功績をたたえ、長左衛門の菩提寺である地元来迎寺に、功績碑─石碑（高さ三・七九メートル）を建立するのである。特に大正十四年四月、長左衛門の死後五十三年目のことである。

　長左衛門の子孫にあたり、前橋市下大島町で梨子園経営の関口恒二さん（昭和二年生まれ）は「私の祖先がこの地で梨子の栽培に成功し、現在この地区は県内でも有数の梨子の生産地になっていますが、今は後継者がなく、その問題が一番の悩みですよ」と真剣なまなざしで語ってくれた。

（一九八八年四月二十六日掲載）

各地で菖蒲使い行事

〈上州五月の節句〉

上州の五月の紺碧（こんぺき）の空を、こいのぼりが勇壮に舞う姿は、初夏の情緒をより感じさせる。五月の節句は五節句の一つで、古くは女の節句であったので、それが時代が降るとともに、男子の節句へと変わってしまった。特に五月の節句には菖蒲（しょうぶ）を供える風習がある。この菖蒲を「尚武（しょうぶ）と、同一発音するところから、武を尊ぶ思想にあやかって、男子の節句としてより強調するようになったのだといわれる。

群馬では五月の節句に、軒下に三カ所、菖蒲と蓬（よもぎ）を挿して飾る。これは悪魔除けになるのだという。古くは菖蒲の根を干しておき、五月の節句にせんじて飲んだものである。これは強壮解毒剤の変わりとなったのである。こうして古い民俗にあやかってか、群馬では菖蒲湯に入ったり、地域によっては菖蒲酒を飲んだりする。これは毒蛇にかまれるのを防ぐためなのだと。なお桐生市梅田では、菖蒲を腰ひもにゆわえて引っぱると、子どもの腹の虫が降りるといわれ、松井田町入山では、菖蒲湯に入ると病気にかからないとか。嬬恋村大前では、菖蒲で鉢巻きすると頭痛がなおるのだという。なお富岡市南後箇では、菖蒲酒を飲むと、蛇が近よらないのだと。

県下には、五月節句の菖蒲にまつわる民話も各地にある。一例であるが、伊勢崎市長沼町の根岸マツさん（明治三十年生まれ）は、次の民話を語ってくれた。

「昔、村きってのきれいな娘がいたと、その娘は蛇と恋仲になり、蛇が男に化けて毎晩通ってきたと。家の者は蛇の正体がおかしいので、娘にいいつけて、針に糸を通して男の着物に三針ぬわせておいたんだと。翌朝になって家の者が、その糸をたどって行ってみると、糸は山奥のホコラに続いていたと。家の者がホコラに近づくと、中で蛇のうなり声と蛇の親子の話し声が聞えるんだとさ。聞いてみると、蛇の親が息子の蛇に「あの娘の腹の中に蛇の子供ができてると言うが、人間は利口だから、菖蒲酒を飲めばすぐに腹の子は流産してしまう」と言っているんだと。家の者は急いで家に帰り、娘に菖蒲酒を飲ませると、蛇の子がうんと腹から出てきたんだと、それから五月節句には、菖蒲酒を飲むようになったんだとさ」。

　五月の節句には、鎧兜（よろいかぶと）や坂田の公時（きんとき）などの英雄豪傑の人形を飾り、鍾馗（しょうき）さまの登り旗などを建てる。現在はこいのぼりが多いが、鍾馗さまは中国の伝説上の英雄で、悪魔を滅ぼしたといわれ、これにあやかってか、日本では悪魔除けの神となり、さらに邪鬼を叩きつぶすような、強い男子に育ってほしい願望から、鍾馗さまの旗を建てるのである。また、五月節句には特別料理を作って供える。ちまきや蓬もち、かしわもちなどである。ちまきは中国の楚の詩人で、屈原（くつげん）という人が、川に身を投げて死んだ。人々はそれを深く悲しみ、川にちまきを投げて供養したことから、五月の節句にちまきを食べる風習になったのだと。

福島充代宅の鍾馗さまの旗（渋川市）

（一九八八年五月三日掲載）

映画館火災で13人死亡

〈ああ初夏の大惨事〉

昭和六年五月十六日のことであった。群馬郡金古町四つ家の絹市場で、映画上映中に出火、観客十三人が焼死、重軽傷者数十人という大惨事であった。五十七年前のことである。

当時、この絹市場は金常館と呼び、絹市のない日には蛇などの動物の見せ物などが行われ、学校で生徒を引率してそれを見物させたりもした。入場料は当時一人五銭。このように絹市場は多目的会館でもあったのだ。

この大惨事の日は「昭和のおふさ」と題する映画の上映で、午前中国府小、清里小、金古小の低学年が観賞し、午後は高学年そして夜は、この映画の三回興行を行った。この映画は当時、高崎市内の小学生、富沢みえさん（現在金古町に在住で福田みえ）がモデルであった。みえさんは五歳のとき、父親を病気で失い、病弱の母を助けながら二人の弟をかかえて生き抜いた親孝行の生活が歌となり、レコード化され、さらには、この映画となった。これは当時、郷土の孝女とあって大反響を呼んだ。

惨事は夜の第三興行のクライマックスシーンのところで発生した。映写機の過熱が出火の原因だった。映写機の近くには裸のままの多くのフィルムが置かれ、そのフィルムに引火、一瞬にして館内は火の海と化し、女、子どもの悲鳴と荒れ狂う炎は、館内をまたたく間に覆い、全焼し十三人の焼死者を出した。

上毛新聞はこの惨事を次のように報じた。

「金古にて小林特派員発、十六日午後十時四十分頃、群馬郡金古町絹市場で（高崎の孝女みえ）を映画化した、昭和のおふさの活動写真を上映中発火したので、大騒ぎとなり観衆は悲鳴をあげて出口に殺到して、逃げ出そうとしたので、大混乱を呈したため、十三名の焼死者と、数十名の重軽傷者を出し、近来稀有の大惨劇を演出して、同市場と隣の大森稲荷を全焼して、十一時半鎖火した（以下略）」。この大惨事に遭遇した榛東村新井の湯浅友吉さん（大正四年生まれ）は、兄、姉、妹二人の五人で観賞中、姉と妹二人が犠牲となり、下の妹は六歳というけなげな年齢であった。

友吉さんの父親福造さん（明治十六年生まれ）は軍人で、厳格な人で夜の映画観賞などふだんは許さないが「孝女もの」とあって、福造さん自ら五枚の券を購入してきて、子ども五人を映画へ走らせた。そして、運悪く愛児三人を一瞬に失ったのである。友吉さんは当時の父親の様子を「おやじは厳しい方でしたが女の子三人を一度に失ってしまい、顔を手で覆いながら裏口のところにいるのを、時々みました。どんなにか切なかったのでしょう」とむせびながら当時を語ってくれた。

常仙寺境内に移された延命地蔵

昭和七年、この大惨事の犠牲者のためにと、絹市場関係者等によって、延命地蔵（高さ一メートル七十センチ）を、現場に建立したのである。

いつの時代でも惨事は予告なくやってくるものなのだ。先日の高知高校生の中国での修学旅行の惨事も、去る上野村日航機事故など、悲しみは私どもにしみていていつまでも去らない。

（一九八八年五月十日掲載）

庶民的でユーモラス

〈薮塚本町のカンカン踊り〉

新田郡薮塚本町寺下の三島神社に伝承される神楽は、その内容が誠に特異である。この神楽は春秋の祭礼に奉納されるが、式舞として四方がため舞をはじめ、十二座からなっている。しかし、愛嬌（あいきょう）舞として、カンカン踊りなど数種の他芸能が行われる。

カンカン踊りは、多野郡上野村乙父地区に伝承されている特異な民謡。カンカン踊りは中国の清楽である（筆者が昭和五十年刊行の「上州の民謡とわらべうた」に詳細あり）。寺下の神楽では、囃子（はやし）方がカンカン踊りうたを歌い、舞方がそれに合わせて特設の神楽殿で、ユーモラスに踊るのである。カンカン踊りうたの歌詞内容は皆目分からない。

カンカンノー　キユーノです
キユワキユです　サンジヨナライー
サーハーミカンサ
コリヤテッペンタイコで
ヤーハーノハ　（以下略）

この神楽では、カンカン踊りと同じ曲節で山寺、いぐべえ帰るべえ、お医者さんの三曲が続けて奉納される。いずれの曲も卑猥（わい）な歌詞内容で、舞はそれに負けない際どい場面を表現する。観衆はそれに激しくわいたという。寺下地区に住む新井孝平さん（明治四十年生まれ）は「カンカン踊りは平気で踊れるが、お医者さんの舞などはとても恥ずかしくて正気じゃあ踊れませんよ」と顔じゅうに笑みを浮かべて語ってくれた。この特異な神楽も昭和二十四年を最後に消滅してしまった。

神楽は神話をもとにした厳粛な神事の鎮魂の付帯目的で行われてきたのであるが、しかし、時代が降ると、地区民の娯楽的な願望を神楽の座に編み込んで行うのである。ここに里神楽の民衆性があるのだ。例えば、養蚕県群馬では蚕の豊作を願って、神楽の愛嬌舞に「蚕の舞」と題して、奉納するところもある。勢多郡北橘村下南室の神楽や、前橋市上佐鳥町の春日神社神楽などに、それがみられる。それにしても寺下の神楽の愛嬌舞は、庶民的すぎるほどユーモラスである。

芸能は庶民が無認識で担っているものであるため、その地区の伝統ある芸能に、ちまたに流行の民謡などあると、それを織り込んで一つの芸能を編み出し、それを伝承しているのである。邑楽郡千代田町の堤防工事の土端打ち唄には、九州から流行の「ハイヤ節」が混合して、伝承されており、前橋市下大屋町の産泰神楽には、能の三番隻（そう）が座の中に入っている。また前橋市泉沢町の泉沢神社獅子（しし）舞には、昭和八年中山新平作曲の東京音頭と、伊勢音頭の民謡が混合して行われているのである。さらに各地の神楽に多いのは、江戸の子守うたの混合である。このように、一つの伝統芸能に他の芸能が結びついて、一曲となり伝承されていることを、不純混合の芸能と呼ばれる。

前述したように、芸能は人間がささえているものであり、変転きわまりない浮動性をもって、生き続けるものなのだ。芸能の個定化や源流などということについて、今一度考えてみる必要がある。

（一九八八年五月十七日掲載）

〈富士山観測〉 姿見せるのは年77回

私どもの祖先は、神が下界に降臨するときは、高い山の山頂に来るものと信じてきた。そのため、高い山は神聖化してきたのである。

群馬には上毛の三山をはじめ誇るべき山が多い。そして、それぞれの山に山岳信仰の伝統が残されてもいる。

勢多郡富士見村は、信仰深い赤城山の南面に位置する。富士山が見えるところから、富士見村と命名されたという。この富士見村で富士山を十五年間も観測を続けているのが、富士見村時沢に住む佐藤修さん（明治四十三年生まれ）である。佐藤さんは山深い吾妻郡坂上村に育ち、幼少のころから自然を、そして特に山を限りもなく愛してきたという。小学校二年生のとき、腰に鉈（なた）を差し猟銃を背負い、深林と鳥獣類の見回りをしている山守り（営林署の管理人）の勇壮な姿をみたとき、生涯を林学の途で歩むことを決意したのだと。佐藤さんは帝大（東大）農学部に勤務、山に入って林学の研究を続けてきた。昭和四十六年東大を退官、その後富士見村に居を移し四十七年九月十七日より、自宅より肉眼で富士山の観測に入った。動機は富士山の見える富士見村から、富士山を見ることができず、近所の方から富士山の可視個所を教えてもらい観測に入ったという。

富士山は佐藤さんの自宅から南方に見える秩父連山（約七十キロ離れている）の、雲取山と大洞山の間に富士の山頂が見える。

佐藤さんの観測は午前七時、気温、富士山、南アルプスの八ケ岳、浅間山、秩父連山の四山を同時観測。佐藤さん宅から富士山までは約百二十四キロ離れている。過去十五年間の観測値では、富士山が年間見えるのは六十六回から八十八回、平均では七十七回である。特によく見えるのは十一月、十二月、一月、二月の四カ月間だけ。見えない月は六月、七月、八月で平均一回か二回見えるだけ。ばく大な観測資料に驚かされる。佐藤さんは次のように語る。「富士山の見える見えないは、天空清澄の度合いにもよるが、長年観測を続けていると、最近富士山の見える回数が減少してきている。

その理由の一つは、富士見村と富士山の間に都市化が進み、そこから放出される大量の諸熱源が、下層の気流上昇度に影響し、霧や靄（もや）を醸成し、そのため富士山が見えなくなってしまうんですよ」という。

富士見村から日本の名山である富士山が、肉眼で眺められなくなるのは時間の問題のようである。誠に残念なことである。これには単に観測者の個人的なことでなく、日本の現実社会全体に一石を投じているような気がする。

公害や大気汚染が問題化されている現在、私どもがあつかう民俗についても、ややもすると古いものだけに焦点を合わせがちな傾向があるが、現実社会の中におさえておかなければならない、貴重な現代の民俗があることを忘れてはならないように思う。

（一九八八年五月二十四日掲載）

むし歯の神様に変転

〈如意輪観音〉

過去の上州女の多くが信仰してきたものに、二二夜待信仰がある。この信仰はお隣中国から移入されたものである。二二夜待信仰の女性たちは「講」（一つの信仰にもとづいた集団）をつくり、丘などの小高いところに登って、月の出を拝んだ。月の出を拝むと安産になるとか、子どものない女性には子どもが授かるとか、さらには財宝にあやかれることができるとされる。

この二二夜待信仰の石造物は、県内には多く「二二夜待」と文字で彫られたものや、二二夜待の主尊は如意輪（にょいりん）観音であるところから、右手を右頬（ほお）にあて首をかしげて思惟（い）形＝考える姿＝をしているものなので、この如意輪観音の石造物には、二臂（にか）といって二本の手のものや四臂、六臂などのものもある。手数の多いのは祖先の信仰思想によるもので、数が多ければそのものがより強靭（じん）であるとか、ご利益が多いとの考えからなのである。例えば社寺に百度参りとか千社参りなども、これに類したものなのである。

県内の月待ち信仰は二二夜待ばかりか十六夜待、十九夜、二一夜、二三夜、二六夜待などさまざまである。

二六夜待などでは、単に安産などのご利益ばかりでなく、正月と七月の月の出を拝んだ後に、結婚前の女性がその夜ひそかに鏡をのぞくと、将来の自分の夫の姿が鏡に現れるのだという。月の夜、未来の夫の姿を鏡に見ることができるなんて、何とロマンに満ちたことなのであろう。月待ち信仰が女性のあこがれの信仰の的であったことが、こうしたことからもうかがい知ることができる。

さて、この二二夜待信仰を本来の目的とはまったく別の信仰形態で行ってきた家がある。

高崎市綿貫町の池田茂さん（大正五年生まれ）方である。池田家の墓地近くにある如意輪観音の石造物をむし歯の神様として信仰してきたのである。この如意輪観音（むし歯の神様）は高さ七十九センチ、文化四年四月の記年銘と基台に女人講中と見える。今から百八十一年前のもの。池田さん宅ではその昔、むし歯で女性の方が苦しみもだえたあげく亡くなり、その女性のために、この如意輪観音を供養碑として建立したのだと、茂さんの曽祖母のヨネさん（文政七年生まれ）が、親族に言い伝えてきているのだと。

かつてこのむし歯の神様には、近郷近在はもちろん、地域のむし歯に病む多くの人たちの参詣（けい）があったといわれる。茂さんも子どものころ幾度となくむし歯を病み、祖母スメさん（慶応元年生まれ）に手を引かれ、このむし歯の神様に、水と線香を供えて拝むと必ず痛みが取れたという。如意輪観音は「仏さま」である。安産などのご利益が信仰本来の付帯目的なのであるが。

この観音の像容が歯が痛そうに右頬を手でささえていることもあってか、むし歯の神様へと変転したことは誠に異例である。しかし、ここに民間信仰のいいしれぬ味があるのである。

（一九八八年五月三十一日掲載）

池田さん宅のむし歯の神様

夜学の授業終了合図

〈松井田の闇鉄砲〉

信州に程近い松井田町入山地区では、かつて青年たちの夜学が済むと、猟銃で空砲を撃ち村人に授業終了の合図とした。それを闇鉄砲（やみでっぽう）と呼んだ。

この地域の各家には、猟銃がほとんどあった。狩猟以外に銃を撃つのは村に非常事態の発生時に限られていた。泥棒が家に侵入すると、該当の家か隣接の家で猟銃を撃って村人に知らせたのである。その時に幾発も発射するので、非常事態であることを村人はすぐにキャッチした。この銃の音を聞くと村人は鎌（かま）や鉈（なた）木刀などを持って銃の鳴った方へ急行し泥棒を捕り押さえて警察へ突き出した。入山地区に入った泥棒のほとんどを、鉄砲の合図によって緊急に捕らえることができたのだと。

この猟銃の合図を利用したのが村の青年の夜学だったのだ。この地区で青年の夜学を考え出したのは、入牧尋堂小学校の校長桜井扇十郎であった。村の青年男女による入牧青年会を結成し、農閑期に夜学を実施した。時に明治三十七年のことである。夜学の教科は国語、算数、修身、歴史であった。当時としてはユニークな青年指導とあって脚光を浴びた。しかし、エネルギッシュな青年たちは、夜学終了後、夜遊びをする者や賭博（とばく）に参加する者もあった。当時この地方には賭博が流行していた。プロの博打（ばくち）打ちも村にひそかに入っていた。博打場として炭焼き小屋や山の岩穴の中であったが、時がたつにつれ農家の納屋などで公然と行うようになった。

夜学の青年の帰宅が不定のため、夜学について村人の批判が巻き起こった。夜学の在り方について村で集会を持ち、夜学終了の合図に猟銃を撃つことが決議された。そして、非常時の合図の鉄砲と間違えないため、夜学の鉄砲は一発撃ちと決められた。その後、夜学終了と同時に空砲を撃って村人に知らせた。夜学の鉄砲は夜撃つので村人は闇鉄砲と呼んだ。

鉄砲を撃つ順序は決まっていた。まず新井地区で撃つと、それを受けて赤浜地区、次に狐萱（きつねがや）地区、遠入、明賀、下平、恩賀地区の順に撃って知らせ合った。

闇鉄砲は夜学終了の合図だけでなかった。各家庭で夜なべ仕事（夕食後の仕事）に、女衆の炭俵編みの仕事も闇鉄砲で一斉にやめた。

夜学の青年たちも正常に帰宅した。この闇鉄砲による村の規律を知った郡役所は、模範地区として郡長顕彰をしたのである。素朴な山あいの地域が郡長顕彰を受けたことは、当時大変なさわぎだったという。

かつて青年会の役員でもあり、夜学に参加していた入山地区に住む佐藤今朝雄さん（明治四十三年生まれ）は「十月から三月までの夜学でしたが、九時になると闇鉄砲が校庭で鳴るんですよ。夜なもんでそりゃあでっけえ音でした。鉄砲が鳴ると夢中でうちに飛びけえったもんです」と当時を語る。猟銃の音をチャイムがわりにして、地域をあげて、今でいう生涯学習に取り組んだこの地域の人々の勤勉さに、頭がさがる。

（一九八八年六月十四日掲載）

〈遠入の炭焼き〉

女性の馬方が出荷

かつて炭焼きの村と呼ばれた松井田町入山遠入地区では、年間を通して炭焼きをしていた。石窯と呼ばれる石で築いた炭窯で焼いた。

一窯で三俵から五俵くらい産出する小窯であった。炭は白炭と呼ばれる固い白色の炭。白炭は炭窯の中で真っ赤に焼けている炭を、イブリと呼ばれる鉄製のかき出し棒で窯外に引き出し、土と炭の粉、それに窯の中で焼けつくされたカベと呼ばれる煉瓦（れんが）色の土を混ぜ、それを水でぬらしてかき出した炭火にむらなくかける。密閉して一時間ほどすると白色のすばらしい炭ができあがる。

この地区で焼いた炭は、ほとんど横川へ運ばれた。横川には三軒の炭問屋があった。一頭の馬の背に、炭俵十俵を一荷とするのが普通であった。馬方はすべてこの地区の女性であった。一日にこの地区から三十頭ほどの馬が行き来した。横川までは三里（十二キロ）の道のりを、一日二往復する者もあった。男衆は山で直接炭焼きにたずさわり、女衆は夜は炭俵編み、昼は炭運びの馬方であった。ここにも働き者の上州女の心意気があったのだ。

炭は山深くで焼くので炭窯から、炭小屋と呼ばれる炭の収集所まで、背負い出し専門の男衆が行った。背負子（しょいこ）に炭俵を三俵から四俵を付けて背負い出した。冬期には軽井沢から土方衆が、土が凍って仕事ができなくなるので、背負出し人夫として多くやって来た。これらの人々によって炭小屋まで運び出した炭を、ここから女衆が横川まで馬の背で運んだのである。遠入地区に住む佐藤忠市さん（昭和十年生まれ）は「私も先祖伝来の炭焼きを、家業のかたわら現在やっておりますが、私の焼く炭は昔のように横川でなく、東京の焼きとり屋へ出荷してるんですよ」と語る。

かつて炭焼きにたずさわる人々は、山神（十二様）信仰が濃厚であった。毎月十二日には山仕事を休み、炭窯の近くに山神をまつり、御幣を立て、酒と塩それにバンダイ餅（もち）を奉納して、山での安全を祈願した。

この地区の炭焼きも大正の中ごろに、黒炭製炭法が取り入れられて大きく変革した。それは県からの指導であった。近くの大げた山でその講習会が行われ、土窯で黒炭を一窯で五十俵も産出した。その後白炭を焼く者はいなくなった。黒炭製炭法で火薬炭も焼いた。それは戦時色が濃くなって来てからである。この炭は横川の「わさび屋」と称する炭問屋へ出荷した。そこから岩鼻の火薬工場へ運ばれたのである。

日本の炭焼き生業は貴重な領域を持っていたのである。例えば銅や鉄の精錬はすべて木炭で行って来た。銅山の近くには炭焼き職人が集中して住んだ。精錬を石炭で行うようになると、これらの人々が離散したり、他の職業人となった。群馬での木炭は鉱山はさることながら、養蚕と切り離して考えられない一面があるのだ。炭火で養蚕の暖をとり、氷で蚕種のはきたての時期の調整をしたのだ。上州には他県にない異質な民俗があるのである。

（一九八八年六月二十一日掲載）

神社で晴天を祈願

〈萩室のお天気祭り〉

利根郡川場村萩室では、六月、七月になって、一カ月近く雨天続きになると、村の熊野神社に集まって、お天気祭りを行う。お天気祭りは、神さまに晴天になるよう村人が祈願する行事なのである。長雨が続くと麦は刈り取り前に発芽してしまい収穫にならないし、田植えをしても苗の生育が悪く、冷害状態で苗は枯死してしまうのだという。そこで天気祭りとなるのである。天気祭りの村人への知らせは、区長のホラ貝を吹く音で連絡となる。ホラ貝が地区に鳴り響くと、一軒一人ずつ熊野神社に集まる。神社の拝殿に全員で座し、大太鼓のリズムに合わせて、全員で呪文（じゅもん）を唱えはじめる。呪文は「はらい給え清め給う、遠神笑み給え、乾坤震巽離艮兑頃（かん・こん・しん・そん・り・こん・だ・けん）」この呪文を百万回唱え続けるのである。百万回も唱えるのに数を間違えないために、箒（ほうき）ほどの大きさの棒を用意しておき、呪文がひとくだり終わるごとに、一本ずつ目じるしに置いたという。これを「かんじょう棒」といい、この棒の役目をする者を「数とり」といった。

かつて萩室地区の戸数は少なく、お天気祭りに参加する人数にも限度があり、百万回唱える呪文は大変なことであった。唱える声が小さいと古老から、どなられたり、太鼓の音が小さいと「魂を入れてうて」となじられた。

しかし、呪文を唱えている最中、参加者の呼吸がピタリと合ってくると、太鼓のリズムはスピードを増し、音も大きくなり、それに乗って呪文の唱和もハイテンポとなる。

この呪文は天気祭りのときばかりではない。村に重病人が出ると「おまんどうをあげる」といい、その病人の全快を願って、区長のホラ貝の合図で村人は集まり、太鼓を打つ役、数とり役、病人との話し相手役、呪文の唱和役と分かれて、呪文を少人数の村人で唱えるには長時間かかる。その長い時間、病人の話し相手役は大変だった。世間話から、作物の出来具合やら病人に対する村人の心の寄せ方や、疫病は当の病人から、必ず離れて逃げて行くなど病床の病人の心をやわらげる話などをする。

山深く医療制度も乏しく、また経済的にも恵まれなかったこの地域の人々の、かつての共同体の中での人間愛が、これらの行事の中に、にじみ出ている。

お天気祭りにしても、病人の回復を願っての「おまんどう」のときも、太鼓役は一万回打たねばならなかった。両手にはマメができ、それ以上打ち続けると手のマメはつぶれて、血が太鼓のバチを伝わったこともあった。

古老はいう「太鼓に魂を入れて打たないと、天気にもならないし、重病人の回復もしませんよ」と。行事が終わると神に奉納した一升のご神酒を分け合って飲み直会（なおらい）とした。この行事は、古く山伏が萩室地区に伝えたものだといわれている。

萩室のお天気祭り

（一九八八年六月二十八日掲載）

谷間の水引いて田植え

〈平出の樋引き〉

県内では、今田植えの真っ盛りの地域もあろう。

現在は農業用水が完備され、余程でない限り水にこと欠くことは少ない。

利根郡水上町平出地区では、かつて田植えをするのに、谷間の水を樋（とい）を使って田まで引いて田植えをした。明治の末までのことである。

樋作りは山深くに入って太いツガの木を切り倒し、そのツガの木にヨキを使って大きな溝を掘った。一本の樋の長さは十《メートル》もある。樋の溝の幅は七十《センチ》もあり、深さは五十《センチ》ほど。山の中で何十本もの樋作りをする。樋が作り終わると平出地区の女も男も総出となって、樋の引き出しに山に登った。遠くの田まで樋を引くときは、水口の谷間から田まで四《キロ》もあった。

生のツガの木の樋は重く、引き出すのに樋のハナ（前）の双方に、二十《メートル》ほどもある真藤二本をゆわいつけ、一本の藤に十五人ずつ三十人の引き手がついた。それにハナテコと呼ばれるテコ棒を持った者が、樋の双方に一人ずつ二人つく、さらに樋のトモ（後）に長さ十《メートル》ほどの真藤を一本つけ、それに八人の引き手がつき、樋の双方に追いテコと呼ばれる者が、テコ棒を持って一人ずつついた。一本の樋を引き出すのに総勢四十二人。さらに区長と音頭とりがついた。区長と音頭とりは旗を持ち、引き出す直前になると「けがをするな、そして音頭とりに力を合わせろ」とあいさつする。あいさつが終わると音頭とりは旗を振って樋引き歌をはじめる。歌に合わせて重い樋は動き出す。

　ヘェー今日の樋引きゃ（音頭とり）

　ホーンそうだ（引き手）

　みんなに頼むぞ（以下同じ）

イエーンエート
さあさ皆さん
ホーンソウダ
ドットに頼むぞ
エーンエート
追いテコさんも
はなテコさんも
力を揃えて
エーンエート

音頭とりが歌う時は樋は静止。大勢の引き手の歌になると重い樋はするすると動き出す。

平出地区の樋の取水口は夜後沢からが多かった。夜後沢からは三沢田んぼ、一畝田、もろ、原などの田へ樋を長々と継ぎ合わせて水を引いた。そこを三沢関とか一畝田関などと呼んだ。

夜後沢谷からの取水口から樋に水をかけると、夜後沢谷は水をたたえて流れているので、美しい谷川の清流は樋をうなりをたてて走った。樋引きの村人たちはだれもが樋水を飲み、樋引きでかわききったのどをうるおしたという。

樋を使っての稲作づくりは、日本でもまれだとされている。平出地区でこの仕事に携わったり、この歌の伝承者であった林一夫さん（明治三十五年生まれ）も、昭和四十七年の夏にこの世を去ってしまった。

（一九八八年七月五日掲載）

〈山が消えて行く〉郷愁を人々の心に残し

ＪＲ吾妻線小野上駅のすぐ北側に、山肌が削り取られ、痛々しく岩石の露出している山がある。北群馬郡小野上村の浅間（せんげん）山である。海抜五二二メートルの山である。この山には多くの民俗が残されていた。そして、村人の心の寄せどころの山でもあった。

この山の岩石が採掘され始めたのは、昭和十八年のこと。山主の朝比奈幸内と茂木留吉両氏によって始められた。岩石は吾妻線の建設工事に使用した。当時は手掘り仕事であった。この山の採掘は戦前、そして戦後を通し、現在も継続されている。十年ほど前に採掘の法律が改正され、山頂から採掘することになり、そのため現在はブルドーザーが山頂から激しく切り崩している。ここ数年間でこの山は三〇メートルも低くなったと村人は言う。正午と三時には、ダイナマイト爆破予告のサイレンが毎日鳴り渡り、地響きとともに山が崩されている。

採掘した岩石は現在、道路の基盤材や鉄道の敷石、間知（けんち）石などに使うと聞く。この山の近くの伊久保地区に住む小野文利さん（昭和二十七年生まれ）は「山の形がすっかり変容してしまいました。今まで私の家から見えなかった榛名山系の山が、よく見えるんです。かつてこの山の頂上近くにわき水があってね、子どものころ、山に登る度に友だちと腹ばいになって、冷たい水を飲んだのが、今も忘れられませんよ。あのわき水の場所も削り取られて、なくなってしまいました」と語る。

この山の頂上には浅間神社があり、毎年四月十三日が祭りであった。山頂で村人によって神楽が奉納され、笛や太鼓の音が村に響き渡り、祭りに村人を誘った。大人は各自赤飯を持ち、子どもは小遣い銭を握って祭りの山に登った。山頂には屋台店が並び一日中にぎわったという。今はもうこの山での祭りはない。かつては祭りの日ばかりか、村を離れた者がふだんでもお客に来ると、むすびを持ってこの山に登る者が多かったという。山頂から眺める絶景は格別で、東に渋川、そして前橋の町が一望でき、西に吾妻の山々、南に榛名の連山、北には小野子山が高くそびえ立つ。

今はもうあの絶景に触れることはできないのだと。かつてこの山には多くのキツネやタヌキが生息していた。山の破壊が激しくなるにつれて、人家近くに住みトウモロコシなどが食い荒らされ、夜間電灯を畑にひいてタヌキよけにしているが、トウモロコシの収穫はゼロだという。

秋から冬の夕暮れは、幾百羽ものカラスが山頂に集まって寝ぐらとした。この地区に住む中沢勝司さん（明治四十年生まれ）は「晩方になると、カラスがうんと山の頂上にきてね、子どものころ、そのカラスにうたを歌ってやりましたよ。カラスカラス勘三郎／おめえのうちが焼けるぞ／早くけえって水かけろ／ってね。

今はカラスは一匹も来なくなりましたよ」と語っていた。

村人が限りなく心を寄せてきた山が今消えようとしている。石川啄木が、

ふるさとの山に向いて言うことなし　ふるさとの山はありがたきかな　と詠んでいるが、山は幾百年となく、その地域の人々とともに生きてきた偉大な自然であり存在だったのだ。

（一九八八年七月十二日掲載）

削り取られてゆく浅間山

息災、学業成就　願う

〈二之宮の茅の輪くぐり〉

群馬での夏越（なごし）行事は、六月三十日の晦日（みそか）、七月に行われる。暦制への考えから十二月の晦日と、六月の晦日と一年を二分し、晦日を大いなるあらたまりに入るべき日と、古人は真剣に考えてきたのであろう。県内でも邑楽郡板倉町や、渋川市半田や、その他の夏越行事をみてみると、茅萱（ちがや）で大きな輪を作って、それを地区民がくぐり、ひと形を作ってそれを川に流すというのが特徴である。

前橋市二之宮町では、七月三十一日地区の二之宮神社で茅の輪くぐり（夏越）が行われる。この日近くを流れる荒砥川の堤防から茅萱を刈って来て茅の輪を作る。茅の輪の直径は二十《センチ》ほどの太さ。高さは一《メートル》六十《センチ》ぐらいの輪となる。輪の上部には茅萱の縄を一本張り、それに数本の御幣をつるし茅の輪に、神社拝殿前の二本の青竹にゆわえ付ける。茅の輪が建て終わるころには、茅の輪くぐりに参加の地域の人々で、広い境内はいっぱいとなる。

拝殿にはお神酒と参加者に配る「御みごく」の駄菓子が奉納され、神官の唱える祝詞と、打つ太鼓の荘厳な音が大杉の森深く響き渡る。神官のお祈りが済むと茅の輪くぐりがはじめられる。

まず神官が先頭に立ち、次に神社総代長、神社総代、各地区の自治会長、その後に村人の順で茅の輪くぐりとなる。茅の輪をくぐると疫病にかからないのだと、特に子どもにはご利益があって、疫病除去ばかりか頭がよくなるとあって、地区内はもちろん地区外から乳幼児連れの婦人の姿が特に目立つ。愛児がすこやかに育つようにとの母親の願望からなのである。

茅の輪をくぐったすべての者に、自治会長から「御みごく」の駄菓子が配られる。この御みごくは自宅に持ち帰って、家族全員で食べると病気にかからないのだと。

　一時代前までは、この茅の輪くぐりに地区の小学生を、教師が引率して来て毎年参加したという。現在学校教育の中にゆとりの時間が設けられているが、地区の生活行事に学校あげて参加するなど、かつての学校教育のこの面が、いかにダイナミックであったのか、農繁期や祭りには授業カットして、児童を積極的にそれに参加もさせたのだ。時代がちがうとはいえ、茶番劇的なゆとりの時間ではなかったのかしれない。

　この地区での茅の輪くぐりが夕方済むと、子どもたちによって茅の輪は荒砥川に流される。茅の輪をくぐった者は、自分の罪、穢（けが）れを、この茅の輪にたくし川に流すことによって、健康に生きられるのだと。群馬の他地域での夏越行事で、ひと形などを作って川に流すのも、同様な意をもっているのである。この地区の永井好雄さん（明治三十六年生まれ）は「わしゃあ、この地に生まれ、この地を離れたことなく、八十六年間丈夫で生きてこられたのは、一年も休むことなく茅の輪くぐりに、参加したお陰と思っているんですよ」と真剣なまなざしで語ってくれた。

（一九八八年七月二十五日掲載）

〈藤原のまむし捕り(Ⅰ)〉

親から秘伝の捕獲法

まむしほどきれいな自然を好む動物はないといわれるが、谷深く、そして渓流の美しい、利根郡水上町藤原地区はまむしの格好な生息地。

この地では古くからまむしを薬としたり、生計に役だてたりしてきた。しかし、過去にはまむしに噛（か）まれ倒れていった者も少なくない。

この地に住む中島義光さん（昭和四年生まれ）は、父作恵さん（明治四十五年生まれ）に、まむし捕りの秘伝を受け継ぎ幼少のころからまむし捕りにいどんできた一人。まむしは五月から十月に捕る。捕獲の最盛期は七月、この時期はまむしの発情期で、交尾の時は数十匹のまむしがサッカーボールのように、丸い玉状になっている。これを蛇玉と呼んでいる。昭和五十三年七月、水上の小沢山で蛇玉を発見、一度に三十七匹のまむしを捕獲している。

まむしは度胸のいい動物で、人間とクマとトンビ以外は恐れない。そのため少しぐらいのことでは逃げようとしないので捕りやすい。発情期にあっては動きが鈍いので、さらに捕りやすいという。七月についでは九月。冬眠期に入る前なので、悪食に獲物をあさる時期で、矢木沢ダムなどの水面にまむしが浮いて、小魚などをあさっているので、それを捕らえるのだと。さらに時期を問わず、トンビが大空の一個所を何回も旋回しているとき、その真下の山に行ってみると、必ずまむしに出合うことができるのだという。

義光さんは父親からの秘伝の捕らえ方以外に、自身でまむし捕りの秘法をあみ出し、多収穫を得ている。その一例であるが、七月のまむしの発情期に雌まむしの首を持ち、腹を手でさすると黄色い液体を多量に放出する。その液体をガーゼに含ませ、まむしの生息していると思う場所に、ガーゼを絞り液体を地面にたらしておく。次にその雌まむしの胸部を細ひもで縛り、液体をたらして置いた場所から、前方十メートルほどの所より地面の上を、そのまむしをゆっくり引きずってくる。そして、液体のある三十センチほど手前までまむしを地面から引き上げ、今度は反対方向十メートルほどの所から、同じようにまむしを引きずる。地面を引きずると、発情している雌まむしの体臭が地面に付着するので、他のまむしをこれで、引き寄せることができるのだと。

引きずったまむしは家に持ち帰る。翌朝になってその現場に行ってみると、液体をたらして置いた場所に、必ず二、三匹のまむしがたむろしており、いとも簡単に捕らえることができるのだという。

義光さんは今までに七百匹近くまむしを捕ってきたが、一度だけまむしに噛まれたことがある。昭和五十八年のこと。まむし捕りで山の木につかまって、岩場を登ろうとした時、木の根元に潜んでいたまむしに、左手人さし指を噛まれてしまった。全身に電流を流したような恐ろしさ。医者で切開手術し血清をうって、一命をとり留めることができたのだというが、いまだ後遺症で苦しんでいる。

義光さんは「素人にまむし捕りのまねなど、絶対にしないでほしい。一歩まちがえると、大変なことにつながってしまうから」と真剣なまなざしで忠告している。

（一九八八年八月十五日掲載）

生活に貴重な特効薬

〈藤原のまむし捕り(Ⅱ)〉

まむしに噛（か）まれると、昔は血清がなかったので、噛まれた局部をいち早く鎌（かま）や鉈（なた）で切断するか、傷をつけて血液と一緒に毒を吸い出して治す以外に、いたし方なかった。水上町藤原地区でも、多くの人がまむしの被害に遭遇してきた。近年では中村永正、魔庭美小太郎、中島勲さんなどである。中島勲さんは本年七月八日、山でのわらび採りで右手中指を噛まれる被害に遭っている。この地区の人々は恐ろしい毒を持つまむしと切り離れての生活は不可能といえるかしれない。かつてこの地方では、重病人以外は医師の治療を受けることは不可能だったという。水上の町まで歩いて五時間、それから沼田の医師の治療を受けるのであった。そのため、この地区では、野草などを治療薬としたり、まむしをことに貴重薬としてきた。

夏山の下草刈りなどでまむしを見つけると、皮を剥（は）ぎ生のままで肉を五㌢ぐらいずつ食べては次の人に回す。これをまむしの回し食いというのだと。夏山でのこの食べ方が最高の珍味だと古老は言う。ふだんまむしを常食のように考えていたのだ。

まむしは焼いて保存しておき、下熱剤として利用されてきた。特に子どもの発熱の時の特効薬としたのだと。またまむしの内臓にある「きも」を取り出し、糸で縛り陰干しにして置き、下痢や消化不良のとき少量を水に溶いて飲むと、抜群の効きめがあるのだと。さらにまむしの皮は、はれ物の特効薬。皮を干して保存しておき、はれ物ができると皮をわずか切り取り、水にひたしてから患部にはると、膿（うみ）を吸い出す役目をするのだと。

まむしの目玉は夜盲症によいとか、生血を飲むと強精剤とかいうが、学術的に今後その効果の程は解明されるべきであろうと古老の言。この地方では何といっても人気の高いのはまむし酒。まむし捕りの名人中島義光さんは、まむし酒の造り方を話してくれた。捕らえたまむしは一升瓶に入れ、五センチほど水を入れ、時々水は入れかえて約一カ月。天気の良い日に瓶から取り出し、まむしをよく水洗いをしてから、清潔な紙の上に出し、太陽にあてて水分を蒸発させ再び瓶に入れ、最初五センチくらい焼酎（しょうちゅう）を入れ、まむしが大きな口を三回開くまで見守る。それを見とどけてから存分に焼酎を入れる。まむし酒は神経痛、うちみ、ねんざの特効薬。現在は東京のボクシングジムや、プロレス興行界などから、うちみの特効薬としてまむし酒を求めにやって来るという。

藤原地区の人々は、古くから猛毒を持つまむしを捕りながら生活を営んできた。またそうしなければ生きられない、過去の生活の一面があったのかしれない。過去において、そして現在も多くのまむしが捕られている。この地区のまむしを捕る人々は、年に一度まむしの供養を行ってきた。蛇観音を祀（まつ）りその年、犠牲になったまむしの供養なのである。

人間に危害を与える猛毒を持つまむしの供養を行うなど、県下でもめずらしいことである。藤原地区の人々の心のやさしさであろう。

（一九八八年八月二十二日掲載）

〈月夜野町河内歌舞伎〉

弾圧越え受け継がれる

利根郡月夜野町師（むろ）の三峰神社境内に、地芝居のすばらしい回り舞台がある。間口十メートル六十四センチ、奥行き六メートル十七センチ。明治のはじめ三峰山から木材を切り出して舞台を作ったのだと古老は言う。それ以前は村に小屋掛けして、地芝居をやったのだと。この師地区では地元の人々が役者となって演じた。それをこの地区では踊りと呼んでいる。地芝居は主に春祭りに行うのが多かった。練習は農閑期で正月から四月にかけて行った。役者（踊り）は、各戸一人出ることに決まっていたという。練習場は農家の蚕室や村の寺である浄明院であった。

この練習場所を宿と呼んだ。踊りの師匠は明治、大正、昭和にかけて後閑の尾上松緑が来て教えてくれたという。「受継ぎ（間）」と「台詞（せりふ）の暗記」に厳しい指導をした。また演技でも「足どり」が悪いと走って来て蹴られることもあった。

練習が厳しかっただけに、晴れの本舞台では、どの役者もすばらしい演技となった。

本舞台の前には必ず「れんばらい」といって、舞台で「綺羅（きら）」を付けないで、一通りの練習を行った。このときも義太夫の師匠は、舞台の「ケタバリ」に登って厳しい目で語り手を見守り、踊りの師匠は舞台の上を歩き回りながら厳しく指導した。

綺羅は薄根（現沼田市）の高橋新平という綺羅師から借りた。一番綺羅から二番綺羅、そして大道具、小道具まで持つ有名な綺羅師であった。カツラ師は地元に高橋浪太郎夫妻がいた。クマドリも一緒にやってくれたという。

役者も村人があたり、その踊りの師匠も、綺羅師もカツラ師もすべて、その地域で間に合うというところに、かつての芸能社会学のおもしろさを見ることができるのである。

発表日の本舞台では、木戸銭は取らなかった。「纏頭（はな）舞台」といって、自治体や有志からの礼金をもらう性格であった。

演目は義経千本桜や絵本太功記（十段目）、奥州安達原（三段目）、弁慶上使鎌倉三代記（三浦別れ）などであった。

地芝居には、近郷近在から多くの観衆が詰めかけた。親類も「地踊りがあるから」とて総出で集まった。村では親類が来ると赤飯を炊いて振る舞うのが、この地域での習わしだった。そして、弁当を持たせて地芝居を見に送ってやったというのである。

群馬の地芝居は、警察の激しい弾圧を受けながら育ってきたのである。月夜野町師の地芝居もそうであった。地芝居を踊る者も観衆も、警察より知恵を持っていた。一例であるが義太夫のけいこを舞台でやると警察に届けを出し、途中で地芝居を一、二幕行ったりもした。警察が踏み込むと観衆は着物の袖（そで）に、石や短い生マキを入れて来ており、警察に投げつけ舞台の役者を逃がした。これを石ぶちと言った。この地に住む羽鳥太作さん（明治四十年生まれ）は「私も地芝居の踊り手で、地元の芸能を継いできた一人ですが、当時は警察が厳しかったです。今は地芝居が無形文化財の指定などの保護がなされてますが、当時は考えられないことでしたよ」と語っている。

（一九八八年八月二十九日掲載）

夜は村人の前で演芸も

〈板倉の飴売り〉

群馬での飴（あめ）売り職人は、ほとんど男性であった。しかし、邑楽郡板倉町大久保の小島キチさん（明治三十三年生まれ）は、ただ一人女の飴売り職人であった。キチさんはご主人と共に、若いころから飴売りの旅をした。県内はもちろん埼玉の熊谷、草加、越谷、蒲生、東京。それに栃木の佐野などであった。旅先で他の飴売りに出会うと「仁義」を通し合う。腰をかがめて左手を右足のひざ前に出し「おひかえなすって」とやる。相手が自分より目上の飴売りだと､相手が「ひかえる」まで、いつまでも「おひかえなすって」とやり合う。目上の者が「それでは仁義になりませんので。手前からひかえさせてもらいます」といって仁義の文句に入る。住所、氏名、親方名（組）を名乗ると、相手も同様に仁義を通す。キチさんは市川丸重（まるじゅう）の飴売り組に属していた。組以外の者だと仁義の後、他の地区に追い払ってしまう。組の者だと飴の売れ行きの良い地域を紹介などした。飴売りには縄張りがあったのだ。飴売りの支度は派手であった。麻裏草履に紋付きの着物姿。頭の上に盤台（はんだい）を乗せ、盤台の上には棒飴を立てる。棒の先には小旗をつけた。そして、うちわ太鼓を打ち鳴らしながら歩いてた。太鼓の打ち方には「流し太鼓」と「寄せ太鼓」とあった。流し太鼓は、飴売りが村に入って来たことを告げるためのもので、飴売り歌に合わせて太鼓を打つ。寄せ太鼓はツゲの細いバチ二本をそろえて打つ。右手の人差し指と中指の間に一本をはさみ、あと一本は小指と薬指の間にはさんで打った。キチさんは教えてくれた。「寄せ太鼓は　チョッと来い、チョッと来いと言うように打つのだ」と。

この言葉をリズム譜にしてみると、付点八分音符に十六分音符と四分音符のひとかたまりのくり返しが、寄せ太鼓のリズムなのだ。

飴は村の辻（つじ）のような所で売る。サービスに必ず飴売り歌を披露する。キチさんが歌いご主人が踊ったものだという。夜は行き止まりの所で宿を見付ける。飴売りが泊まる地域では「ふれ」を回して、村人を集め飴売りの歌や茶番狂言の演芸となる。舞台は農家の座敷。そして観客席は台所にむしろを敷き、観客はそこに座って観賞した。芸題は国定忠治、継子三次、白井権八などの段物であった。演技は夜の更けるころまで行われた。飴売りの芸が済むと、参加した村人が出し合った小銭を一升ますに入れ、それを謝礼として飴売りに支払った。飴売りは祭りがあるとそこにも招かれ芸の披露をした。

日本の芸能を各地に広めたのにゴゼなどあげられるが、飴売りも芸能の伝播（でんぱ）の貴重な領域を担った人々であることを忘れてはならないのだ。かつて県内にはすばらしい飴売りがいた。碓氷郡松井田町の武井宇吉。利根郡白沢村の小幡兼吉の両氏などもあげられるが、戦後はこの貴重な二人も他界してしまった。今回紹介の小島キチさんも昭和五十一年十一月一日、惜しくもこの世を去ってしまったのだ。県内にはもう飴売りはいない。

（一九八八年十月十日掲載）

女性哀史の一断面

〈倉渕村の子もり奉公〉

かつて群馬の子どもの通過儀礼的な仕事に、男はハンドリ（田の代かき時の牛馬の運転役）と女は子もりがある。ともに重労働の仕事。

特に子もりは他人の家に奉公に出され、これは辛い生活で女性哀史の一ページに数えられよう。

倉渕村岩氷の篠原フミさん（明治三十二年生まれ）は、九歳の時から倉渕村川浦沼田の農家に子もり奉公に出された。フミさんは九人兄姉の長女として生まれ、父は病身で母の手一つで生計をたててきた。フミさんは昼は山で茅を刈り、夜はその茅で炭俵を編んで、川浦の細谷という木炭の仲買人の家に売って家計の手伝いなどしていたが、食べることができず子もりに出された。親元へ奉公賃は一銭もいかなかった。フミさんは「食べさせてもらうだけ」の条件で子もりに出た。

フミさんは、「子もりに行けば腹いっぱい飯が食えるし、いい着物が着られる」と思い母に送られて子もり先に行ったという。

子もり先の食事は、米が一粒も入っていないポサポサの挽（ひ）き割り飯や、ひえかき飯かあるいは、大根など多く入れた「つみっこ」が主食だった。

朝は暗いうちに起こされ家中の者の洗たく、夜はおそくまで働かねばならなかった。特に秋口になると夜なべ仕事（夕食後に働く）があるので、夜十時ごろまで屋外で子もりだった。

寒くて背中の子どもが特に泣くので、子どもを捨ててきたいとすら思ったことがあったという。

正月や盆になっても小遣いは一銭も出ず、そのうえ実家にも帰されなかった。また着物の「シキセ」は一枚もなく、盆や正月にはお客が来るので、かえって子もりが忙しかった。

子もりの寝る場所は、板張りで日当たりの悪い暗い下座敷。夏冬通して薄い敷布団と掛け布団が一枚ずつに、ボロの外套（とう）一枚。冬は寒くて寝つかれない晩が多かった。ふろにはあまり入ることができず、体にはシラミが絶えたことがなかった。

フミさんは、「子もり先がどんなに辛くても、自分の実家での生活より楽だった」と語る。

フミさんは二十四歳で結婚、四人の子どもをもうけ幸せな生活であったが、長男正治さんが昭和十九年四月十二日出征しルソン島で戦死した。昭和二十年四月二十日だった。正治さんは出征の朝「おっかちゃん、一生懸命働いて来るから、安心していてくんな。無理して体をこわさないように」といって戦地にたっていったという。今でもあのやさしい正治さんが帰って来ると思えてならないとフミさんは語る。

現在、高齢者の方々の心の内部には知られたくない、語りたがらない「自分史」が残されている。子もりや間引などがそれである。

生き証人である高齢者の方々から、本当のことを教えて頂いて、群馬の民俗を正しく規定しておかねばならないのだ。

（一九八七年十月六日掲載）

さまざまな〝人生〟運ぶ

〈利根川「公田の渡し」（前橋）〉

群馬の川のほとんどの水が、利根川にそそぎ込む。このような川は他県にはみられない。雄大で水をたたえて豊かに流れるこの川を坂東太郎と呼ぶ。名実ともに誇るべき川である。

利根川には、かつて多くの渡しがあった。公田の渡しもその一つ、前橋市公田町と利根川をはさんで、対岸の高崎市萩原町を結ぶ渡しである。公田町はその名の物語るように、今から千数百年前、日本史上最初に行われた、国家的な大改革事業である「大化の改新」によって、それまで個人の私有であった土地を、国が公有にした。公有になった田を「公田」と呼んだもので、この地には上公田、中公田、下公田とあるが公田町の公田は、大化の改新の名残とみてよいであろう。

公田の渡しのあるこの地区が、こうした歴史性の重みのある地域であるのだ。公田の渡しは、この地に住む石原実さん（大正十二年生まれ）の祖父の弥太郎さん（弘化二年生まれ）と、対岸の萩原町の川端兼太郎さん（明治二十二年生まれ）の二軒で始めた。双方の出資金で佐波郡玉村町五料の船大工に造船してもらい、渡し船を購入して公田の渡しを始めた。

実さんの家は男衆は外で働くので、女性が代々渡しの船頭をした。祖母のマツさん（明治九年生まれ）母親のゲンさん（明治三十年生まれ）実さんの奥さんのい志さん（大正四年生まれ）と、歴代女性の船頭。実さんも少年時は渡しの船頭衆であったと。対岸の萩原町の船主である兼太郎さんと実さんの家では一日交代で船頭をやった。船に乗せるのは人ばかりでなく、リヤカーや馬なども乗せた。馬を乗せるのは大変で、船と（渡船場）に船を横づけにし、馬にニンジンを食べさせながら船に乗せたのだと。

戦時中は日の丸を背負った出征兵士も乗せた。川岸で見送る人たちのバンザイと軍歌が入りまじって、異様な雰囲気であったと言う。船賃は明治のはじめは一人片道五厘。昭和のはじめになると一人五銭。自転車も五銭。船賃の上がりはその日働いただけ自分のものとなった。夜おそくでも対岸から船を呼ぶ声が「オーイ、オーイ」と聞こえると、提灯（ちょうちん）の灯で船をこぎ出し、お客を運んだものだと。渡しで大変なのは、雨の日と冬の北風のとき。雨の日は船をあやつる「たぐり綱」のワイヤが濡れているのでスリップしてしまい、船が前進しない。この時は片手に手ぬぐいを持って、たぐり綱の雨をふき取りながら船を進めた。さらに北風のときは、冷たい赤城おろしが川風となって、身を切られるように寒い。船頭は北風に自分の顔を向けて、綱をたぐるのだと。なお船頭は真冬でも手袋は禁じられていた。綱をたぐるとき、すべって、危険が生ずるからなのだと。少年時代を渡しの船頭であった実さんは「祖母からよく、三寸下は地獄の底だと聞かされました。自分の船に乗客の命を乗せているのだと思い、真剣に、船を操ったもんですよ。渡しが消えてもう十年以上になりますが、本当にさびしいことです」と秋の利根の川面を眺めながら語ってくれた。

（一九八八年十月十七日掲載）

〈神ケ原の食生活〉橡《とち》の実で餅を作る

　切り立つ岩山と、清流をたたえて流れる東福寺川の川沿いに点散する集落、ここが多野郡中里村神ケ原（かがはら）である。地域を流れる東福寺川に神流へと注ぐ。この地区の古い食生活は、ほかにみられない特徴がある。この地域では現在でも、山から橡（とち）の実を拾って来て橡の実餅（もち）を作って食べている家がある。古く飢きん年に木の実餅を食べた昔語りはあるが、現実にそれがなされているのには感嘆する。橡の実餅は黒っぽく苦みを持つがにおいのよい餅。橡の実はアクを抜くのが大変なので、この地区でも今は昔ほど食べないと聞く。橡の実はクマの大好物。こまめに拾わないとクマにほとんど食われてしまうのだと。橡の実は昔からこの地区の生活から切り離せなかったのだ。

　東福寺川は、夏でも水温が低くヤマメやイワナなどの渓流魚が生息している。この地区では、これらの魚をタンパク源としてきたのである。昔は魚の行商人も二月の節分と大みそか以外には来なかったと。川の魚を捕るにも古い猟法がある。山からある種（木の固有名詞はあえて避ける）の木の皮を引きむいて来て、木灰と一緒に煮る。それをウスでつき粉状にしたものを川にまくと、川に生息している魚も、カエル、カニ、川虫に至るまですべて死んでしまう。捕らえた魚は櫛（くし）ざしにし炭火で焼いて保存しておきタンパク源とした。ヤマメ汁のうどんは珍味だと。このうどん汁の中に、山からクルミを拾って来て、中の身をすり鉢で摺（す）り水割りにすると牛乳のように真っ白になる。これをうどん汁に入れて食べるのだ。香ばしくて天下一品の味。山でなければ味わえない趣である。

　切り立つ岩山には岩茸（いわたけ）が生えている。この岩茸はこの地区の祝儀、不祝儀には昔から欠かせない料理の一品。これが出ることは最高な料理とされる。また岩茸は薬とされてきた。下痢が長びくと岩茸のオジヤを二食だけ食べる。これで必ず治ったと。さらに岩茸は便秘解消に良く、岩山から採って来て水でもみ洗いしないものをカユにして食べると効果があるのだと。

かつて山の人々はよほど重病人でない限り、医者の治療を受けなかった。医師がいないことと経済的理由もあったからだという。地区に医師が往診すると「あの家の病人は、命があぶないのだ」と、だれもが思ったほどだったと。山に生きる人々の生活には想像以上のものがあったのだ。特に飢きん年の天明や天保年間の時には、山野に見える青物が無くなるほど、採って食べ尽くしたという。これは単にこの地区のみでない。そしてこれに似た状況が終戦時にもやって来たと。山野草で食べられるものに手当たり次第採って食べ、戦後しばらくは、山ユリの花など見ることができなかった。以上この地区の食生活の一端を述べたに過ぎないが、この地区に住む小林ゆきさん（大正十五年生まれ）に「食糧難の時は、食べられる山野草は、なんでも採って食べました。最近は山ユリの花も多く見られますし、いい時代になったもんだと、つくづく思いますよ」とまゆをひそめながら語ってくれた。

（一九八九年四月十七日掲載）

船頭衆は水神を深く信仰

〈玉村町五料の石船〉

かつての群馬の水上交通のかなめといえば、利根川があげられる。この川が上州人の生活を支えてきた一面もあったのである。

利根川を行き来した船は大小あったが「デカ」と呼ばれる高瀬船は、米三百俵も積んで運んだ。現在の利根川の水位を見ると、それが信じられないほど水が少ない。古く関東中部の諸大名への年貢米や、生活必需品の輸送には、すべて利根川を利用したのである。利根川の下り荷（群馬からの荷）は、米、しょうゆ、綿、木炭、木材などが主な荷であった。そして上り荷は、塩、海産物、茶、干荷《ほしか》などであったが、干荷と呼ばれた肥料は、上信の各地へも送られた。これらの船の発着する場所を、河岸《かし》と呼び、倉賀野の大河岸、境町の平塚河岸、玉村の五料《ごりょう》、千代田村（現千代田町）の赤岩河岸などが有名であった。

前述のような船荷を運ぶ船とは別に、石船と呼ばれ石を荷として運んだ船があった。石船の船頭に佐波郡玉村町五料の飯田長太郎さん（明治二十九年生まれ）や、同所の萩原春吉さん（明治三十一年生まれ）などがいた。船で石を運んだのは、明治の終わりから大正期にかけてであったが、河原の石を採取できるのは玉村町板井の寝石河原から上流と決められていた。当時石を取るのは厳しく、許可なく石を運び出すと船を没収されてしまった。そのため船ばりと呼ばれる船の前後四カ所に、建設省の大きな印を付けて運んだ。また船頭たちは板製の鑑札を持っており、それには「内務省東京土木出張所」と書かれ、さらに内務省の焼き判が押されていた。この鑑札を持った者は、利根川のどこの河原からも石を採取することができたのである。石は赤岩の河岸、埼玉の栗橋、千葉の霧崎河岸などへと運んだ。赤岩河岸には渋沢と呼ばれた大きな石材問屋があった。そこへは飛び石や切り石にする、直径一メートル以上の大きめの石を船から降ろした。この石を船頭衆たちは「つら石」と呼んでいたのである。

利根川を行き来する石船にも危険はあった。特に堤防のカーブしている所を「曲がり」と呼び、そこにある蛇篭《じゃかご》や張り石に船が激突してしまうこともあった。さらに橋下を通過することを船頭衆は「杭間《くいま》くぐり」と呼び、橋杭に石船が衝突して命を失った船頭も少なくなかった。

石船は意外に小さく一隻に石を一トンほどを積んで運んだ。スピードに乗ると川面を時速百キロ近くで走るので、船さばきを誤ると大事故につながる。船頭衆は「船底三寸下は地獄の底だ」を合言葉にしていた。船頭衆は水神（大杉様）の信仰が濃厚であった。

飯田長太郎さんは大正初期のこと、渋川にほど近い利根川で洪水の直後、船もろとも大渦に巻き込まれた。川底を激しく流され息も絶え絶えとなり、胸に秘めていた水神の御守を握り締めると、濁流の中で一点明るい光が見えた。そこを目ざして浮上すると水面となり、一命をとりとめることができた。すべて大杉様の御利益なのだという。気荒な利根の船頭たちも、深い信仰生活を生き抜いていたことがうかがえる。

（一九八八年十月二十四日掲載）

出猟の前、山の神にお祈り

〈梅田のつぐみ猟〉

○トヤ場

桐生の梅田には十月から十二月上旬にかけて、つぐみが百羽から五百羽程群になって、渡って来た。毎年つぐみの通過する道は、飛駒の十二山か、入山の峰で、これらの峰でもくぼみの所を通過するので、つぐみ猟師は、そのくぼみを「トヤ場」（猟の出来る場所）と決め、夏にはえている雑木を、地上一《メートル》程の高さの処から切り倒し、秋になってそこにカツ糸で作ったカスミ網を張って猟をする。

網の近くにつぐみ猟師の入る穴を掘り、猟師はそこに入ってつぐみの飛来を待つ、つぐみは日の出ごろ飛来が多く、つぐみが網に近づくと、穴にいた猟師は大きく「プップウー」と口を鳴らし、着てた半てんの両そでをパタパタす早く打ち鳴らす。つぐみはタカの襲来とみて、直下降して張ってある網にかかる。一網に二十羽から五十羽くらいのつぐみが掛かり、一朝に何百羽ものつぐみ猟となる。

かかったつぐみは背骨を折って、網の下へ打ち落としておき、次々飛来するつぐみを捕える。つぐみ猟師はトヤ場の近くに、トヤ小屋（泊る小屋）を作り、そこで寝起きして生活する。

○獲物の処理

網の下へ打ち落として置いたつぐみは、ショイコ（背負い役）がザマ篭に入れて、猟師の宿まで運び、細なわに十羽のつぐみをつるし、これを「一連」といって、桐生の町へ売り出したり、つぐみの肉を大がめの中に、みそづけにして保存食とした。

またつぐみの内臓は、小がめや広口ビンの中へ塩でつけ保存した。この内臓の塩づけを「ウルカ」といい、下痢どめの特効薬になるので、村人に分け与えこれらの病気に備えた。

○信仰

つぐみ猟は他の狩猟と違い、単独で行うものであるが、つぐみ猟の始まる日は、猟師の古老の家に招かれ、十二様（山の神）祭りを行う。

十二様にご神酒と、おさご、山菜を供え「十二様に今年の獲物のおさづけをお祈りする」祈りが済むと、酒をくみかわして猟にたつ、トヤ場に着くと、真先にヘイソクを山に立てて、十二様を祭り、それから網張り、トヤ小屋作りとなる。

○上州人の狩猟信仰の深さ

かつての上州人の狩猟生活は、信仰を中心に狩猟行動を規則正しくし、そして、深い思いやりの心をつちかって生き抜いてきた。

現代の狩猟者に、例年違反といたましい事故の続出をみるとき、獲物を捕えるというエゴイズムから抜け出て、古人の持って来た「思いやりの心」と「高い精神文化」が欲しいものだ。

（一九七四年十一月一日掲載）

「平等感」や「祈りの心」を

〈片品の猟師たち〉

○十二祭

狩猟を始めるその日、かつては十二祭（山の神祭）を行った。

猟師は組の者とその朝十二様に、みきつず（竹筒に酒を入れた）と、塩、おさごを供物として供えてから出猟する。獲物を射止めるとその場で、獲物の腹を裂き、獲物のタチ（すい臓）を十二様に供え「十二様のご利益」であることを告げる。

初日の猟が済むと、その日に捕えた獲物全部と、ご神酒等を十二様に供え、無事であったことと、猟の収穫を報告する。獲物がとれるのは、山の神のお陰と信じて来たのだ。

かつての猟師の今にない深い信仰生活の程が、伺い知れる。

○片品の鹿猟

雪深い片品村の鹿猟は、古くから雪の中をセコ（追い役）が、鹿を追い谷間に詰めてヤリで突いて猟をした。銃が出現しても谷間に鹿を追って射止めた。

鹿の蹄（ひずめ）は二つに割れているので、その割れ間に踏んだ雪が固く詰まって、蹄の割れ目が裂けて走ることが不能になる。そのため鹿は水のある谷間へと逃げ込むのだ。これは蹄の雪を溶かすためなのだ。自然に生きる動物の英知に驚嘆する。それも谷川の滝の所に鹿は身を隠す。滝つぼの水の中に全身を沈め、鼻だけ水面にわずか出し、猟師の目をかすめる。流れ落ちる滝水と、そのしぶきで滝つぼの鹿を見出すのは、猟師の「カン」以外にない。

自然と調和して生きる動物の世界には、人間に計り知れない深い理知があるのだ。

○肉の配分

射止めた獲物の足を、なわでしばる。足をしばるまでに、その場に来た者には、猟師と同じように平等な肉の配分をする。平等に行わないと、そこに「遺恨」が起こり、それが「事故」につながるのだという。

○現代の狩猟者たちへ

昭和四十七年の終猟近い日曜日、吾妻郡中之条町沢渡の奥山に、狩猟家の川野正秋氏の出猟に調査で同行の時のことであった。深い谷間にカモシカの毛が散乱し、いたましい血こんが残雪を染めていた。そしてその谷間の行き止まりの山道に、車輪の跡があり、そこまでカモシカの毛は点々と続いていた。

心ない密猟者によって保護すべきカモシカの命が、ここで奪われたのかと、川野氏たちと悲しく思った。ハンターと名乗って、人間であることのマナーを忘れ、獲物の乱獲だけが目的の、狩猟者が現在いるとするならば、それらの人々は「だれもみていない大自然の中で、狩猟者として守るべき法則を、己に厳しく守らせること」とそれに、先駆者であったかつての猟師たちの肉の配分の「平等感」や、「祈りの心」はどうしても学んでほしいものだ。

（一九七四年十月三十日掲載）

獲物を披露、わけ与え

〈入山のクマ猟〉

○猟師のしたく

入山の熊（クマ）猟は、雪深い中を幾日もタツマ（獲物を待つ場所）に立って行われた。腰みのを着け、厚さ二センチほどもある、まわた入りの刺しこの「山半てん」を着、頭には「おこそずきん」をかぶり、足にはかさけわらじに、わらはばきを着けて、防雪と防寒に備えて猟をする。

○携帯食糧

厳しい寒さの山では、飯など水分がわずかでもあるものは、シミる（凍る）ので、特製な焼きもちにする。それをシイ焼きもちといい、稗（ヒエ）を石臼（うす）で搗（つ）き、それにみそを入れて練りあげ、いろりの灰にくべて焼きあげる。シイ焼きもちはいかなる寒さでも凍らず、また幾日も保存でき、これを猟師の保存食とした。

○山泊まり

連日のクマ追いには山泊まりとなる。山泊まりは山にあるすみやきの「古っ窯」に朝、枯れ木を窯いっぱい詰め、火をつけて猟に立つ。夕方帰ると、窯の火は燃え終わりほどよい暖かさになっており、残り火で猟でとれた獲物の肉を焼き、シイ焼きもちの副食物とした。寝るのは、窯の中で、南豆袋に乾いた落ち葉を軽く詰め、その中に犬と一緒になって寝る。古っ窯のないときは岩穴をねぐらとした。坂本の入山から裏妙義に越す筋に、サダユウ穴と呼ばれる有名な岩穴を猟師は使った。重い荷など各組の猟師はその穴に置いて、その日の猟を終えると穴に帰って泊まった。サダユウ穴を去るときは、ソダ（木の枯れ枝）一束を穴に残すのが、この地の猟師の掟（おきて）であった。この穴はかつてサダユウという猟師が泊まって、このような狩猟生活をしたことから今に伝えられる。かつての猟師たちの思いやりの心のほどが深く感じられる。

○獲物の処理

射止めたクマの四つ足を、真藤で縛って宿へ運ぶ。しかし銃の音がすると、ほかの組の猟師もかけつける。足に藤が掛けられなければ、ほかの組の者にも肉は同等に分け与える。

宿に運んだ獲物は、村の衆に披露してから解体する。十二様に獲物の内蔵を供え、肉の配分は参加した猟師へ同等に行われ、その獲物にトドメを射た者は十二様（山の神）といって、十二様に供えた酒を真っ先に飲むことが出来る。集まった村の衆も酒は飲みほうだい、熊の内臓を川で洗い、竹ぐしに刺しみそをつけ、いろりにさして焼き、村中でほおばる。

生活にあえいで生き抜いて来た入山の人々は、クマの肉は大きな食糧源でもあったという。またクマの油は、村中に分け与え、ヒビやアカギレの特効薬とし、クマの胃は保存しておき、村の衆の腹痛のとき分け与えた。獲物の収穫を通し、猟師も村の衆も一緒になって、深い連帯性を持っていた入山の人々は、今にない協同体のあたたかさを現代に教えてくれた。

（一九七四年十月三十一日掲載）

悪魔払いの役割

〈片品の遊び宿〉

利根郡片品村の菅沼、築地、下平では、正月の三日間と小正月の十四日、十五日に「遊び宿」行事を行う。

遊び宿行事は、小学校三年生から六年生までの子どもが、高学年の子どもの家に集まって、遊びあるく珍しい行事である。

宿になる高学年の子どもの家では、遊び宿行事の特別料理を作って、子どもたちの来訪を待つ。特別料理は、甘酒と餅（もち）それに〝煮しめもの〟と呼ばれる大根、じゃがいも、にんじん、ごぼうを甘く煮つけたものに、漬（つ）け菜となますが付く。

これらの特別料理は男衆が用意する。片品村では正月三日間の煮炊き（料理）は男衆が行う家が多く、女衆はこれを〝寝正月〟と呼び、寝床に入って、なれない手つきで行う男衆の煮炊き仕事を見守る。

午後になると、部落の子どもたちは三三五五遊び宿へ集まる。遊び宿に来ると、不断は台所を通ってダスキ（座敷）へ上がるのがこの地方の習慣であるが、この日はクレン（縁側）から座敷へ上がる。部落の子どもが全員集まると、子どもたちは宿の座敷で、鬼とり遊びや馬飛び、それにすまうなど雄壮な遊びを展開する。

表は深い雪。家の中では子どもたちの活発な遊び、巻きあがるホコリの中で、子どもたちは汗を流してゲームをくり返す。唐紙（からかみ）や障子が遊びで破れたりする。宿のおとな衆は子どものそれらの行動を気にもとめず見守る。

一つの宿で数時間このような遊びをし、ごちそうをいただくと、また次の宿へ行って同じようにくり返す。

美しく正月飾りをし新しい年を迎えて、真っ先の来訪者がこの遊び宿の子どもたちなのだ。正月早々に、家の中で子どもたちが雄壮な遊びをすると、悪魔払いになるのだという。

地域での子どもの収める生活行事の役割は大きい。子どもたちはこうした集団生活の中で、あくまで自分の意思を失わず、生活行事の中を正しく通過して、すくすく生きていくのである。今の若者が社会の中に組み込まれることを、きらう傾向があるというが、幼少のころからこうした生活行事を通過し、集団生活の規律を自然と学んでいたら、そうしたことにはなるまい。

また同じ地域社会の中で永住していると、近隣の人々と他人であっても、親せき同様な交流を持っていることが、こうした行事が自然と推し進められていく絶好の条件でもあるのだ。片品村ばかりではない。群馬郡倉渕村などでは、かつて村に住む同じ年齢の子どもたちが、兄弟として杯を交わし合い、他人同士でありながらそれ以後、真の兄弟（肉親）としてのつき合いをして生きてきた。戸数も少ない山深い地域でこうして、連帯性を培って来たのだ。過去の未開な時代にあっても、このようにして今にない深い人間のつながりを持ち合って、生き抜いて来た上州人の生活の知恵のすばらしさには、つくづく感嘆する。

片品村の「遊び宿」も正月元日から子どもたちによって幾百年も、この地域に伝えられて今に至る。この「遊び宿」行事は、山深い片品村へ、真っ先に春の訪れを告げる子どもの行事なのだ。

（一九七五年一月一日掲載）

養蚕の豊作を予祝

〈総社町の鳥追い〉

前橋市総社町山王では、小正月に古くから鳥追い行事を行って来た。

十四日の朝飯がすむと、子どもたちは、親頭と呼ばれる部落の最上級生の家に集まる。かしの木の枝におんべ（へいそく）を付けてもち、紙で作った面をかぶる。親頭や小頭は比較的よい面を付けるが、低学年の子どもには、紙質も悪いさしたる面でないのを付けさせる。それぞれの面は鬼の面などで、相手に威圧を与えるようなものが多い。

面が付け終わると、大太鼓を天びん棒にさし、それは小頭（親頭の次の者）にかつがせ、太鼓のたたき役は親頭があたる。

太鼓を先頭に、総勢六十人ほどの鳥追いの子どもが後へ続く。そして太鼓に合わせて鳥追い唄（うた）を歌う。

「鳥追いだ鳥追いだ　ありゃあだれの鳥追いだ　ジロウどんの鳥追いだ　頭きって、しりきって
しょうゆだるへさらべえ込んで　佐渡が島へぶん流せ」

冷たい北風の吹きさらす村道を、西から東へと村中を歌い歩く、道行く鳥追いの群れに向かっておとなたちは口々にいう。

「うんとでっけえ声でやってこいやあ」と。

村中たたき終わると、各戸の「おはらい」に移る。鳥追いに参加した全員の子どもたちで、村の一軒一軒を回り、戸ぼぐちから座敷へ上がり、持っていたかしの木の枝につけたオンベを思いきりふり回しながら大声に

「やくはらい、やくはらい」

とどなり家のすみからすみまで飛び回る。二階のある家には二階まで飛び上がって「おはらい」をする。

どの家にも大きな枝木にさされた繭玉が飾られ、座敷は純白の繭玉が波打つ。子どもたちは、その繭玉に体あたりする。繭玉に鳥追いの子どもが突きあたると「その年養蚕があたる」のだという。

座敷で子どもたちは、思う存分飛びはねる。各家のおとなたちもそれを歓迎する。座敷の繭玉のそばにはダルマを各家で飾っておく。「ダルマがにらんでいると、ねずみが蚕を食いに来ない」のだと。

鳥追いの子どもが、おはらいであばれると、そのだるまがころぶことがある。

その家では「今年ゃあ正月そうそう縁起がいいぞ」といってそれを喜ぶ。

各家の悪魔ぱらいがすむと、村境のところまで、太鼓に合わせて鳥追いのうたを歌って行き、うたの最後に、

「ジランボックリおっかねえ」

とつけて呼びながら、その唱え言に合わせて、太鼓をこまかく打ち鳴らすと、親頭の家（宿）をめざして全速力でかけ帰る。このとき後をふり返って見てはいけないのだという。ふり向くと「村はずれまで追い払った疫病神がついてくるのだ」と。

かつて群馬では、鳥追い行事が盛んであったが、しかし現在はわずかしか残っていない。

鳥追い行事は、中国で鬼車鳥という害鳥が来るのを憎んだことから、はじめられたもので、それが日本に伝えられたものだという。鳥追いは年の初めに作物を食い荒らす害鳥を、村はずれまで追い払い、作物の豊作を予祝する行事なのだ。しかし地域によりその付帯目的も変わり、ここ総社町でも、疫病を払い出すとか、養蚕の豊作を予祝するなど、特に養蚕の予祝は養蚕県群馬でなければ他に見られない、すばらしい鳥追い行事である。

（一九七五年一月五日掲載）

年齢に応じ太鼓打つ

〈中之条の鳥追い〉

吾妻郡中之条町では正月十四日の晩、鳥追い行事を行う。

上州の鳥追いで、これほど圧力に満ちたものはあるまい。おとなの背丈ほども高さのある大太鼓の音は、三里四方へ響き渡るといわれる。この行事は前日より準備にかかる。大太鼓の両端に、マトイにおかめの面を付け、さらにそれに麻で飾りをし、近くに榊（さかき）を飾り付ける。日露戦争以後は国旗もそこに立てるようにしたという。

太鼓は大太鼓、中太鼓、小太鼓と合わせて十二台。太鼓には荷台が着き、車がついて移動するようになっている。あまりの重量で持ち運び出きないからなのだ。

飾り付けが終わると、町の街道沿いに太鼓を並べておく。並べた太鼓を子どもたちが思う存分打ち鳴らす。子どもは小さい太鼓から打ち、年齢に応じて順次大太鼓へと移る。十四日の鳥追いの本日（ほんび）には、子どもたちには移動する太鼓を打つことは出きない。当日はおとなによって打ち鳴らされるので、街道に置かれているとき思う存分打つのである。

子どもたちの打つこの太鼓の音が遠く響き渡り、中之条の鳥追い行事のあることを近郷近在に告げるのだという。

十四日の夕方、街道に並べておいた鳥追いの太鼓を神社へ引きつけ、神官の祝詞（のりと）を受けると、それから全町を回りはじめる。打ち鳴らす大太鼓の威力は、近所の障子や窓ガラスをビリビリと振動させ、相手との話し声も太鼓の音でしゃ断される。街中を轟（ごう）音の太鼓の群れが進行する。

通りの二階や屋根の上から数多くのみかんや小銭、それに手ぬぐいがなげられる。これらを投げる者は年男か、その年厄年の男女、また商店主が商売繁盛を願って行うのだ。みかんなどまく場所では太鼓の移動を止め、固定して太鼓を打ちならす。

戦前には、近郷の農家からそのみかん拾いに大きな砂袋を持って大勢参加した。正月のみかんはそれで買わずに済んだのだと。

また、拾ったみかんを食べると、疫病にかからないという。

現在はみかんまきなど、かつて鳥追いをクライマックスに盛り上げた場面が、各町の広場一カ所で行われる。またかつての夜の鳥追い行事も、現在は昼間行われるようになりつつある。交通事情からだという。この鳥追いの行事で変わらないのは、徳川時代から伝承されてきたという巨大な太鼓とその音だけである。明治二十年ころまで、太鼓に合わせて木やり歌に似た鳥追いうたを歌いながら行われた、と古老はいう。現在はそのうたはなく「せっせっせえー」という掛け声で大太鼓を打つ。

かつて鳥追い行事は、おとなの行事であった。それが時代とともに子どもの管理へと移って行ったのである。中之条の鳥追い行事は、子どもの管理に移る境のもので、古いそのままの原型をとどめ、他の鳥追いにみられないすばらしさがある。

子どもたちは、鳥追いの前日に、街道に並べたててある太鼓の大小を、年齢に順じて打ち鳴らし、やがておとなになって、鳥追いの一員となる基礎固めを、ここで培っているのだ。

また、中之条の鳥追い太鼓ほど、巨大な太鼓は全国的に例があるまい。これは、この巨大な太鼓で害鳥を隣村へ、おどかして追い払うという相手に威圧を与える意味なのだ。

ほかの地域の鳥追い行事に参加の子どもが、鬼面をかぶったり、大声に鳥追いうたを歌ったりするのも、相手をおどかすというので同じ意味なのである。

中之条の鳥追い行事も、疫病を追い払うとか、商売繁盛の付帯目的であるが、古くは鳥追いだけの目的で行われたものであろう。

(一九七五年一月七日掲載)

深い愛郷心が生まれる

〈磯部の鳥追い〉

安中市磯部新寺では、小正月十四日に夜鳥追い行事を行う。

この行事の中心は子どもで、小学校三年生から中学二年生までの者があたる。小学校三年生になると「シンコー」といって、この鳥追いの仲間入りが出きる。

正月七日から鳥追いの準備となる。暮れのすすはきで各家で出した古ダルマと、しめなわをリヤカーで集め歩く。集めたダルマやしめなわは、新寺の前の山の北傾斜の、北風の吹きつける寒い場所に集めておく。現在は前の山に集めず、村の公会堂へ集めておくが、集めたダルマやしめなわは、鳥追いにかかせない付帯物の材料となるのだ。

ダルマの底と同じ部分をくり抜き、子どもたちが、そのダルマを頭にかぶれるように細工したり、また米俵に付ける「サンダワラ」に、しめなわに付いていたおふだを数多く取り付けたり、特に大きい大ダルマを利用して竜を作る。ダルマの背中の部分をくり抜き、中からサンダワラを入れ、そのくり抜いた部分を竜の口にする。竜の目はみかんを二つ取り付けて、するどくにらみのきいた竜に仕上げる。竜の胴体の部分は、唐草（からくさ）の一反ぶろしきをとり付けて、その中に二人入れるように作りあげる。鳥追いの準備は、おとなの手をわずらわせず、すべて子どもたちによって作りあげられる。

待ちに待った十四日の日暮れになると、親方と呼ばれる最上学年の者が、竜の頭に一人付き、胴体に一人と計二人の者が入る。大太鼓は太い青竹に差してかつぐ。現在はリヤカーにつける。大太鼓を打つ者は太鼓のそばに付く。他の者はダルマをかぶったり、おふだを付けたサン俵を背負い、勇壮な姿と化する。

暗い夜道を大太鼓を打ち鳴らしながら、扮（ふん）装した鳥追いの子どもたちの総勢は鳥追いの行動を開始する。

「鳥追いだ、鳥追いだ
じんどうどんの鳥追いだ」

と太鼓に合わせて大声に歌いながら各戸をおとずれ「乗り込め乗り込め」と呼びながら各家に乗り込み、竜は座敷に上がり、家中の者の頭をかむ。竜にかまれるとその年「無病息災」になるのだと。ダルマとサン俵とミカンと唐草のふろしきで作った、恐ろしい竜が座敷へ上がると、小さい子どもはそれが恐ろしくて泣き出す。泣く子の頭を竜は更にかじる。他の鳥追いの子どもたちは、かしの木の枝にへいそくをつけたのを持って「悪魔ぱれえ、悪魔ぱれえ」といいながら、家の中を、そのかし枝で払い回る。

また他の者は、直径二十センチほどのわら束に、へいそくを付け、あがりはな（座敷へ上がる所）を、それをころがしながら「千俵、万俵」と唱える。シンコーの子どもは「下駄それえ」といって座敷に上がった親方のはき物を台所でそろえる。

表では打ち鳴らす大太鼓の音、家の中は子どもの泣き叫ぶ声、竜やお払いの唱える声が、寒い磯部の鳥追いの夜の協奏曲なのだ。鳥追いが訪問した各家では、みかんやお金を子どもたちに与える。新寺の村中の家を回り終わるころは、すでに夜中近くになってしまうのだ。

子どもたちが、古ダルマを頭にかぶったり、サン俵に付けたおふだを背負ったりして、人間でない恐ろしいもののように扮して、害鳥や疫病神にスゴミをきかせ、新年に村から追い払い、この一年がよい年であるようにと行うこの鳥追い行事から、子どもたちの深い愛郷心が生まれて来るのだ。

（一九七五年一月六日掲載）

集団生活を膚で学ぶ

〈片品の道陸神焼き〉

片品村上而（うわで）部落では正月十四日に道陸神焼きを行う。小学校三年生から参加し、最上級生の者を「親方」と呼ぶ。親方は道陸神焼きのリーダーとなる。

道陸神小屋は村はずれに大小二つ作られ、大きい方を「大屋」と呼び高さは五メートルもある。小さい方は「新宅」とか「せっちん小屋」と呼ぶ。高さは一メートルほど。道陸神小屋の芯（しん）はならかモミの木を用い、それに枝木という細い丸太を結わえ付け、ピラミッド形にする。小屋の外部には松の枝や藁（わら）を分厚く結わえ付け、小屋の中には「ものがら」と呼ぶ麦藁やそばがら、豆がら、正月の飾り松などを豊富に入れ燃えやすくする。これらの仕事は、親方の命令ですべて低学年の者の仕事となる。夜になると、他の部落の子どもが小屋をこわしたり、松を盗みに来るので寒い小屋に泊まり込み、鼻汁をすすりながらわずかなたき火を囲んで寝ずの番をする。

昼間は各戸を回り、書きぞめと「おさい銭」をもらい歩く。集めた書きぞめは、小屋の頂上にオンベエ紙（へいそく）と一緒にゆわえ付ける。

おとなは十四日の午前中にふろに入り、酒をくみかわして道陸神焼きを待つ。区長がホラ貝か、すり鐘の音で、道陸神小屋に火を付ける合図をする。そのころになると、せっちん小屋の方に火が放され、村人はその火を見て全員、小屋の方へと走る。村人が全員集まったころ、あい間をみて、区長は「大屋にくっつけるぞ」と大声でどなる。村の衆は「くっつけろや」。せっちん小屋から大屋へと火は移される。大屋はまたたく間に火に包まれ、その火は夕暮れの夜空を焦がす。

大屋の頂上につけた書きぞめが空高く舞い上がると、書道が上達するとか、おんべい紙に火が付かないと、その年は作物が不作だと村の衆は占う。燃えさかる大屋を村の方向に向けて引き到し、大屋の芯にした木の先端を取り合う。これがとれた家は、その年は養蚕があたるのだと。

大屋を燃した残り火で、参加者は持って来た繭玉やするめ、みかんなど焼いて家に持ち帰り、家族と食べると、疫病にかからないのだという。

道陸神焼きが済むと、その残り火で、持ち合わせたちょうちんに火を付け、その灯で部落に在る庚申、武尊、稲荷、地蔵様などにお参りをする。そのちょうちんの灯は、さらに神だなに奉納する。

道陸神焼きという習俗に、農作物や養蚕の予祝から疫病除けそして書道の上達に至るまで、盛りたくさんの祈りの心が、純粋に秘められているのだ。こんなすばらしい行事の立て役者が、子どもたちなのに驚かされる。

山あいの同じ部落に生まれ、学年を隔てた中で「親方」と呼ばれるリーダーの統率の下で、協力し合い自分たちの手によって道陸神小屋を完成してゆくのだ。

小屋の材料になる雪の中での松の枝引きから、村中の書きぞめや正月の飾り松集め、さらに夜を徹しての小屋の番など、幼い子どもたちは与えられた自己の責任を全うしながら生きてゆく。そして自分の生まれた地域にある行事を通して、それを守りながら集団生活のあり方を自主的に学んでいくのである。


（一九七五年一月八日掲載）

自然の中で自由に活動

〈小神明のどんどん焼き〉

前橋市小神明町では、一月十四日の晩、どんどん焼きを行う。

一月二日の夜からその準備がはじまる。二日の晩は、この地区の十七歳以上の青年衆が、近くのお寺に集まって「うたい初め」の練習をする。うたい初めは、この地区で、その年にある結婚式に備えて「高砂（たかさご）」や」などの謡の練習するのである。

このようにして、各家の青年衆が留守になり、手うすになったのをねらって「親方」と呼ばれる地区の最年長の子どもが、十人ほどの仲間を引き連れて、近くの新地山へノコギリとナタを持って、どんどん焼き小屋の心棒にするナラの木を無断拝借に行く。昼間下見をしておいた直径四十《センチ》、長さ十《メートル》もあるナラの大木を根本から切り倒し、暗い夜の山からその大木をかつぎ出して来る。持ち運んできた大木は田んぼの堀の中に隠し、ササの葉や土をかけて人目につかないようにカモフラージュする。

七草の日からどんどん焼き小屋造りがはじまる。堀に隠しておいたナラの大木を持ち出し、村はずれの小神明部落と隣の小坂子部落境のあき田（苗代にする田）にその大木を立て、枝木をつけピラミッド型のどんどん焼き小屋にする。

小屋の周りにとり付けるワラや細い青竹は、各戸から年下の子どもがもらい歩き、すばらしいどんどん焼き小屋を仕上げる。

十四日の小正月の日は、正月さまにあげた飾り松を各家からひいて来て、どんどん焼き小屋に取り付ける。飾り松の取りつけがすむと、部落の子どもたち全員で「おさい銭くんない」といって各戸を回り、お金をもらい歩く。夜になると、その金で近くのタナ（店）からコンニャクを買ってくる。どんどん小屋の中には大なべを引っかけ、そのコンニャクを煮る。大なべの下へ燃やす燃料は、近くの桑畑から桑根っこを踏みかいてきて燃やす。
コンニャクはうまい香りを放って、どんどん小屋の中にたなびく。子どもたちは大なべを囲んで細く長いシノに、コンニャクをさしてほおばる。
コンニャクなべの下で燃えるとろ火は、なべを囲む子どもたちの顔を赤々と染める。
コンニャクが食べ終わるころになると、村の衆は夜のどんどん焼き小屋へと集まってくる。ころあいをみて、どんどん焼き小屋に火は放たれる。小屋はまたたく間に火の海と化する。暗い夜空へ巻き上がる白煙、青竹が燃えてさく裂する轟（ごう）音、子どもたちの歓声。村人も子どもたちも、村はずれの寒風の吹きさらす夜の田んぼのど真ん中での感動のひとときだ。

参加した村の衆も子どもたちも、持ち寄った繭玉やもちをどんどん焼きの火で焼いて家に持ち帰ってたべる。これを食べるとその年カゼをひかないのだと。また、どんどん焼きで焼き残った青竹で箸（はし）を作り、それを養蚕のはきたてにつかうと、蚕が上できになるのだという。

正月はじめから、子どもたちはどんどん焼き小屋作りに精を出し、綿入れ半てんを着、寒くて毎日たき火をするので、顔も手もキジの足のよう真っ黒になる。特に半てんのそでで鼻汁をぬぐうので、ピカピカ冷たく光る。子どもたちは、大自然の中で自由に思う存分活動するのだ。心棒にする木を無断拝借することも、かつておとなたちは「道祖神さまに使う木」として切られることを、さしたる気にもとめなかった。

今はこの地区の子ども育成会の人々によって、適切な指導の下でどんどん焼きが行われている。

（一九七五年一月九日掲載）

大声で夜ふけまで

〈片品のうたい初め〉

片品村の各部落の子どもたちは、一月二日の晩「うたい初め」を行う。昼間からふろに入り体をきよめ、夕方高学年の子どもの家に集まる。この集まる家を「うたい宿」と呼び、男女別々の宿に行く。かつては雪が多く、わらぐつにふんごみ〝タッツケ袴（ばかま）〟をはき、かすりの着物に半てんを着、生菓子を包んだ新聞紙のつつみをかかえ、深い雪を分けて宿にやってくる。宿に着くと

「おばんです。遊ばしてください」

とあいさつして、縁側から宿に入る。宿の親たちは

「おおあがれ」

といいながら、子どもたちを喜び迎え入れる。宿の囲炉裏の火を囲んで、子どもたちは持ち寄った菓子を交換する。菓子はトウヤマ、うさぎっ玉、岩っ玉など不断口にしたことのない、珍しい菓子の交換が目の前で行われるのだ。

宿では夜食としてぞう煮、しょうゆ焼きのモチ、しるこ、みそ汁などたらふく出して、子どもたちにサービスする。

子どもたちは、腹ごしらえ（食事）がすむと、座敷で丸く輪になって「うたい初め」をはじめる。ひとりずつ順番に歌う「うたい回し」から、しりとりうたなど、順を追って行われる。ふん囲気がクライマックスになってくると、高学年の者の音頭で全員斉唱となる。山に囲まれた静かな夜の片品の部落を、子どもたちの大声にうたう歌声が静かに流れる。

「うたい初め」は、大声にうたうほどよいといわれ、子どもたちは声のかれるまで大声でうたう。うたい初めは夜のふけるころまで行われる。疲れ果てて年少の子どもは、宿にごろ寝して泊まる者

すらある。

女子は別の「うたい宿」で行う。うたい疲れると、女子は竹ナンゴやナンゴ（お手玉）遊びもする。男子の高学年の者は、年少の者を、女子のうたい宿へ「のぞっ込み」にやる。年少の者は深い雪の中を女子の宿へ行き、障子戸の紙をツバでなめて穴を開け、女子の様子をみて、高学年の者に報告する。高学年の者は女子のようすをのぞき見する。このとき女子に見つかると、男子はひどくいじめられるという。

この行事のいわれは古く、新年にもろもろの神霊に向かって願いを唱えたことが、現在までこうした形で残されているのだ。古くは地域のおとなたちによって、この行事は伝承されて来たが、それがいつか子どもたちの管理に移り、歌うものも時代色豊かなものを、子どもたちは披露するようになった。おとなたちが行ったころは、神に直結する神聖な「唱え言」であったが、子どもたちが管理するようになると、「うたい初め」も戦時中は軍歌をうたい、現在は「女の操」やアグネスチャンの歌なども披露される。

芸能は人間によってささえられて来たものであり、その時代の影響を受けやすく、社会の変動にちなんで、芸能は変化に変化を続けて行くものなのだ。

変化した過去を持つ芸能ほど、その芸能の歴史の古さを持っているものだ。

最近、保存会などによって幾百年も前から伝わる芸能などを、そのままの姿で、現代感覚を持つ若者に伝承させようとする傾向すらあるが、かえってそれにより、若者はそれから遠ざかり、その芸能や行事が消滅する例も少なくない。

片品村の「うたい初め」行事は、変化に変化を重ね、芸能の正しい方向性を、そのまま保って伝承されて来た絶賛すべき子どもの芸能である。

（一九七五年一月四日掲載）

繭玉を焼いて疫病よけ

〈嬬恋のオンボヤ〉

「オンボヤー、シャンコ（ちゃんと）立て、シャンコ立て」とオンボヤ（道祖神）唄（うた）を歌いながら、吾妻郡嬬恋村大笹部落では、小正月十五日の晩にどんどん焼きを行う。

大笹部落では上組、中組、下組でそれぞれ二つずつオンボヤ小屋を作る。大きいものを大小屋、小さい方を小屋と呼ぶ。

オンボヤ小屋の芯（しん）とうは、モミの木か松の木の高さ六メートルほどもある大木を用いる。その大木は山から盗伐してくる。子どもたちは深い雪の山に入って、人目に付かぬように芯とうを切り運んでくる。しかし、おとなたちはそれを知りきっているのである。見ても神事に使うのだからと、見ぬふりをする。

小屋の周りに、モミの木の枝や枝松を分厚く付ける。さらに正月の飾り松やヘイソクをつけて美しくする。オンボヤ小屋の中には、きびから、そばから、あわがら、麦わら、それにモミの枝葉をたくさん入れる。

オンボヤの小屋作りは結婚前の青年があたる。子どもは深い雪の中をカサガケをはいて、山でモミの枝や松枝を切り降ろし、その枝に藤（ふじ）をつけて雪上をソリのようにして、小屋まで引いてくる。小屋が作りあがるころになると、子どもたちは各戸を回り「オミキ代、オミキ代」といっておさい銭をもらい歩く。金額が少ないと受けとらず、大声でまた「オミキ代、オミキ代」といってデモンストレーションする。子どもの生まれた家や嫁をもらった家には、特にねだって多くもらう。

学校に行っても、自分の部落のおさい銭の集まった額の自慢話や、オンボヤ小屋の大小を競い合う話でもちきりになる。

こんな競い合う話がはずむころになると、夜間にほかの組のオンボヤ小屋の松枝や、モミの木の争奪が始まる。相手方へせめていき、親方と呼ばれる上学年の者が指揮して雪を固く握りしめ、その雪玉を投げ合って激しい戦闘となる。

戦闘の合間をみて、相手のオンボヤ小屋の松枝にナワを付け、雪の上を引いて持って来てしまう。持って来た松枝などは、自分たちのオンボヤ小屋の材料にする。

オンボヤ小屋の芯とうの頂上には、各戸から集めてきた書き初めを結い付ける。

十五日の晩、下組からオンボヤ小屋に火をつけ、中組、上組の順に火は放たれる。あたりは深い雪。赤いオンボヤの火は、まわりの山の雪にも赤々と映える。おとなたちは「水ぶさの木」にさした繭玉を、正月の神だなから持ち寄って来て、オンボヤ小屋の煙にあて、焼いて家に持ち帰る。これを家中で食べて、その年、疫病にかからないようにする。

オンボヤ小屋を燃やすにはいわれがあって、オンボヤの煙が村を取り巻くことをきらう。煙が村を取り巻くと、その年は不祥事が村に起こるか、疫病が起こるのだと。

戦後こうした伝統的な子どもの生活行事が、激しい沈降現象とともに、衰退の一途をたどり、県内にもわずかしか伝承されなくなってしまった。

こうした伝統的生活行事が、子どもたちに与える影響は実に大きいのだ。そして、その行事を通して、子どもたちは人間の基本的生活を学びとってきたのである。

現在、衰退した諸行事を、地区の子ども育成会の人々によって、復活の方向はみられつつあるが、この努力に心から拍手を送りたい。

（一九七五年一月十二日掲載）

共同体のあり方学ぶ

〈総社町山王の道祖神焼き〉

前橋市総社町山王の道祖神唄（うた）である。この地区の道祖神焼きは小正月十四日の夜ふけに行われる。

道祖神の行事は子どもの組織によって行われ、その組織の中に、道祖神の大将と呼ばれる役には上学年の者があたる。大将の中には親頭と小頭とがあり、さらにニンベツ係と呼ばれる集金係がある。係以外の者は親頭の命令で仕事をさせられる。

道祖神小屋は道祖神場と呼ばれ、村の南にある橋のふもとに建てられる。

七草から道祖神小屋の芯（しん）にする竹もらいと「かっぽし刈り」と呼ばれる篠（しの）かりが始まる。

芯竹は大竹やぶのある家からもらう。親方が大竹やぶの家に、手ぬぐい一本持って交渉している間に、年下の者が竹やぶに入り込み、許可を得る以前に竹を数本切って持ち去る。こうした芯竹のもらい方は、古くからこの地区にあるしきたりで、大竹やぶを持っている家では、子どもたちのこうした魂胆は十分知りつくしているのだが、子どもたちはこうした竹もらいの中で、スリルを味わっているのである。

ニンベツ係は「ニンベツもらいに来たよ」といって各戸を回り、家族の人数分だけおさい銭をもらい歩く。特にその年に結婚したり子どもの生まれた家からは、多くおさい銭をもらう。

また年始のあいさつ帰りで、酒に酔っている人などつかまえ「へえ紙くんな」といっておさい銭をもらう。

十一日に各家で松飾りをとると、その松飾りを「お松引き」といって、小屋へ年下の者が引き集める。

十三日の早朝から青年衆に手伝ってもらって、道祖神小屋を完成する。高さ十メートルもある、ピラミッド型のすばらしい小屋となる。小屋の中は二階にし、二階の部分には篠や藁（わら）などを詰め込む。小屋の回りは、藁とお松を付ける。冷たい北風が小屋に吹きつけても、小屋に入ると寒さは感じない。小屋の中には囲炉裏（いろり）を作り、甘酒を作って飲む。親頭や小頭は思う存分飲むが、年下の者はわずかしか飲めない。

十三日の夜は小屋で番をする。他の地区から道祖神小屋に火をつけに来たり、小屋をこわしに来るのを見張るのだ。小屋に火を付けられ、中で番をしていた子どもが焼死するという、いたましい事件は過去によく聞かれた。

夜の明けるころになると、道祖神焼きを告げる子どものふれ太鼓と、道祖神唄で村の衆は、お供え餅（もち）をあげた半紙をつなぎ、竹につるして旗を作り、その旗に「道祖神大笑」と書き、繭玉や餅を持って小屋へ集まる。

村の衆が集まりきるころ、小屋へ火がつけられる。今まで暗かった夜の世界が、一変して炎が赤々と燃え動く火の世界に変わる。その火を囲んで、子どもたちと村の衆の感動場面が展開される。持ち寄った餅や繭玉を道祖神の火で焼き、家に持ち帰って家族でたべる。その年に風邪をひいたり、疫病にかからないのだと。

子どもたちは、道祖神行事を通し、共同体でのあり方の基礎を学んでいるのである。それはまた、風邪をひかないとか、疫病にかからないようにという、祈りの心につながり、それが共同体の中の高い精神文化を作っている。

（一九七五年一月十日掲載）

思考・創造力を養う

〈西中之条の道祖神焼き〉

道祖神小屋は七草が終わると、村はずれの田んぼの中に作られる。小屋の芯（しん）は十五メートルもある太い青竹。その青竹は、大きな竹やぶのある家から毎年決まってもらう。

芯竹を田んぼ中に高々と立て、その芯竹に数十本の細い竹を斜めにゆわい付け、その上にコモを付け、さらに正月の飾り松をさす。かつては正月の飾り松は松引きと呼ばれる低学年の者が、番長という高学年の子どもの命令で引く。また、斜めに付ける細竹や、枝松なども番長の命令で山から無断借用させる。小屋が作りあがると、夜はその小屋に二人ずつ泊まり込んで番をする。他の部落の子どもたちが、道祖神小屋を襲撃に来るからなのだ。小屋の番をする者は、わずかなたきびでぬくもりを取りながら、甘酒を飲んで、寒い夜を過ごす。小屋の番は七草から十四日の夜まで交代で行う。

小屋の中には道祖神を祭り、「へいそく」を立て、鏡餅とみかんを供え物として供え、近くにローソクもたててこれを祝う。

各家から飾り松が引き終わると、子どもたちは奉賀帳を持ち、各戸を回る。とぶ口（玄関）で大声に「おねげえします」といって、おさい銭をもらう。

十四日の夜明けになると、「小屋に火いくっつけるぞ」といいながら、鳥追いの小太鼓を打ち鳴らし、暗い夜道をちょうちんの灯をたよりに、村中に告げ歩く。村人はその太鼓の音を聞くと、小正月についた新餅やミカン、繭玉やスルメなど持って、道祖神小屋をめざしてわれ先にと飛んでくる。

このころになると、町内の祭世話人と呼ばれる村の世話役が、弓張りちょうちんをさげ、太鼓を打ち鳴らしながら神社からやってくる。祭世話人は道祖神小屋につける火を、神社からもらい火してくれるのである。祭世話人によって小屋に火が放される。

子どもたちの手によって、幾日もかかって作りあげた道祖神小屋は、のろしのように渦巻いて燃えたぎる。燃える小屋の火は、参加した村人の顔を赤々と写し出し活気づかせる。パチパチ異様な音を立てて燃える松葉。それにいい合わせたように、ズドーン、ズドーンと青竹がすざましい音でさく裂する。子どもたちだけによって作りあげられた、道祖神小屋という作品が、真夜中の田んぼのど真中で、村人に披露されるときなのだ。古老はいう「このぶんじゃあ、今年も疫病はむれえ（村へ）へえってきねえだんべえのお」と。

小屋の火が下火になると、村人はボックと呼ばれるミズブサの木に、新餅や繭玉、スルメ、ミカンなどさして焼く。道祖神小屋の火で焼いて食べると、その年病気にかからないと。また、小屋を燃やしたモイクジ（燃えあとのすみ）も各家に持ち帰り、屋根に投げ上げておく。これは疫病をその家へ入れないためだという。

これほど村人の心の寄せどころになっている道祖神行事も、子どもたちが主体になり、計画して行われていくのだ。

子どもたちは竹や枝松、コモなど素朴な材料、その一つ一つを自分たちの手で集め、小屋も基礎から番長を中心に話し合い、すばらしい小屋を完成していくのである。子どもたちは、道祖神小屋作りを通して、たくましい思考性と、すばらしい創造性をつちかっていくのである。現在は、吾妻郡中之条町西中之条では、各家の飾り松だけ集めて、燃やす程度の道祖神になってしまった。

（一九七五年一月十一日掲載）

山里に遅い春の訪れ

〈上野村のおひながゆ〉

春遅い上野村へ真っ先に、春の訪れを告げるのが、おひながゆ行事である。

古く江戸時代から伝えられたというこの行事は、四月三日の月おくれの節句に行われるのだ。

子どもたちは、節句の前日からおひなさまやなべ、かま、米など、おひながゆ行事に必要な道具を用意する。節句の当日になると、近くを流れる神流川と乙父（おっち）沢が合流する河原の広場に、用意した道具を持ち寄り、仲よしの友だち五、六人の男女が一組となって、おひながゆ行事を行うのだ。

まず石の城作りからはじめる。石の城は河原にある大人の頭大ほどの石を集め、直径二メートル、高さ一メートルほどで、それも円筒形に積みあげて作るのだ。

子どもたちの手によって、まるで古代人の住居のような石の城が、山に囲まれた河原の広場の所々に築かれる。石の城が作り終わると、おひなさまを石の城の中央部の一段高くの石の上に飾り付ける。そして、次になべやかまを石の城の中に持ち込み、神流川の清流の水を使って、かゆを煮るのである。どの石の城からも立ちのぼるかゆを煮る煙は、谷深い神流川の流域に立ち込め、かん高い子どもたちの声と交錯して、いい知れぬ春の訪れをかもし出す。

おとなの手をわずらわせず、子どもたちの手で作りあげたかゆは、朝飯と昼飯に食べるのだ。丸くて平たい石を膳（ぜん）部がわりにし、石の城の中で食べるかゆは、上野村乙父地区の子どもたちだけが味わえる節句のよろこびなのだ。かゆのほかに、するめいかや乾燥いもを焼いて食べたりして、河原で春の一日を過ごすのである。

このおひながゆ行事の起こりは、その昔、神流川の上流からお姫さまが流れて来たという。それを見た乙父地区の村人たちが姫を救いあげ、河原で藁（わら）火をたいて暖め一命をとりとめたという。

そして、ふだんはこの地区の人々には、口にすることのできなかった米で、かゆを炊き姫に食べさせたのが、この行事のはじまりなのだという。

かつて、この行事の調査の折、乙父地区に住む小須田袈裟司さん（明治三十五年生まれ）は「昔は、この行事を上野村西部全域でやっていたんですよ。それでね、石の城の真ん中に古い天神びなを飾って、頭がよくなりますようにと願ったあと、ふだん食ったことのねえ、米のかゆが食べられるのが、そりゃあ楽しみでしたよ」と語ってくれた。

ともあれ、奥多野上野村の子どもたちが、年齢や性別を超えてこの行事を通し、かゆを共食しながら人間関係を緊密にしてきたことは、共同体のすばらしさである。

現在は神流川の石も、業者の手によって運び去られるので、子どもたちの積む石の城にもこと欠く始末だという。そして、おひながゆ行事も一変して、石の城の中に猫こたつなど持ち込んで暖をとり、インスタントラーメンや清涼飲料水などで、現代風のおひながゆ行事となってきているのである。

（一九八八年三月二十九日掲載）

和讃を合唱、地区回る

〈江田の地蔵かつぎ〉

八月十四日の早朝、子どもたちの歌う地蔵和讃（さん）の合唱は、たたき鉦（がね）と太鼓の伴奏に乗って、静かな地区内に響き渡る。前橋市江田町の地蔵かつぎである。六十キロほどの重い祠（ほこら）の中に、高さ三十センチほどの木彫りの地蔵様を入れ、地区内を子どもによってかつぎ回るのだ。この行事は古く数百年前から行われてきたのだと古老は言う。

地蔵かつぎの組織は、一戸一名十歳から十五歳までの男子。十歳から十二歳の者は和讃の歌い手。十三歳は地蔵かつぎ。そして太鼓と鉦のたたき役。十四歳が下世話といって使い走り役。十五歳は世話人でこの行事一切の運営をする。

早朝うす暗いうちに村の鏡神社に集まり、地区を回りはじめる。地蔵様が地区内に来ると家族総出で地蔵様に線香をあげ、手塩皿に一ぱいの米を奉納して拝んだ。全地区を回るとかつては米二俵も集まった。米は地区の穀屋（米屋）に売って金にかえ、石倉町の松月堂で饅（まん）頭を買い参加の子ども全員に、十五歳の世話人が配った。昭和のはじめで十歳の者が饅頭八個。十一歳で十二個、十四歳以上の役付きは多くとった。昭和五年農村不況となると米の奉納は禁じられ米に代わって金となった。饅頭に代わってビスケットになってしまった。饅頭にしてもビスケットにしても、地蔵かつぎのこうした「御みごく」を食べると疫病にかからないのだと。

地蔵かつぎが、自然な姿で地区民の生活の中に、これほど根深く食い込み和讃を唱えながらめぐり歩くことは、古く鎌倉時代に発生したものであろう。一遍上人の時宗の影響や、西上州箕輪城主の長野氏が地蔵信仰を深く行っていたなどの影響も考えられるのである。しかし、このような行事がより根強い信仰となり、発展した根底には阿弥陀信仰や地蔵信仰以外に、この地区住民の身辺にある。夏の疫病への恐怖や御霊送り、虫送りなどと同じように、亡者精魂供養が基盤にあったからなのである。その何よりの証は、この地区の地蔵かつぎ行事が、迎え盆に合わせて行われていることなのだ。盆行事が何らかの都合で変更の度に、地蔵かつぎ行事もそれに合わせて日が変わってきた。この地区でも明治の中ほどから現在に至るまでに、四度も変わってきている。盆との結びつきがいかに強固であるかが伺えるのだ。

江田町の地蔵かつぎは、疫病除去だけでなく安産加護にも大変ご利益があるとされ、妊婦はこの日、長さ十センチほどで三角の布製の座布団を美しく作り、地区に来た地蔵かつぎの祠のまわりにぶらさげる。これが安産祈願になるのだと。この地区に住む小野里覚さん（大正八年生まれ）は、この地蔵かつぎについて「今は子ども会主催で、男の子も女の子も参加して、毎年やっておりますが、わしが子どものころ、昭和のはじめにこの行事に参加して、和讃を十三番まで覚えるのは大変でした。だが饅頭十個もらったんなぁうれしくて、今も忘れられませんよ」と当時を語ってくれた。

（一九八八年八月一日掲載）

子どもたちがかつぐ江田の地蔵かつぎ

作物守るかかしの祭り

〈嬬恋村今井の十日夜〉

信州にほど近い吾妻郡嬬恋村今井では、十日夜（とうかんや）を「かかし祭り」とか「かかしあげ」と呼ぶ。十日夜の晩には、庭先に餅（もち）をつく「立臼（たちうす）」を持ち出し、臼の上には数個の「あんぴん餅」（あん入りの餅）を供える。そして、臼のそばにはかかしを作って立てておくのである。嬬恋村の晩秋の夜の庭は、いいしれぬ風情となる。嬬恋村今井の一場ミツさん（明治二十四年生まれ）は「かかしは、農家で一年、作物を害鳥から守ってくれたんだから、そのお礼に十日夜には、かかし祭りをしてやるんですよ」と語る。

この日、子どもたちは十日夜の藁（わら）鉄砲作りをする。材料の藁はその年に取れた新藁で作るのだ。そして、その藁鉄砲の芯（しん）には、八つ頭やみょうがの茎を入れる。これらの茎を入れると、藁鉄砲の音がよく鳴るのだと。子どもたちは藁鉄砲を作るのに、山から藤（ふじ）の蔓（つる）を取って来て、直径十センチほどにまるめた藁の周りに巻きつけて藁鉄砲を作る。高学年の者は特別太い藁鉄砲を作る者もいる。

藁鉄砲は作り方によって、地面に打ち付けたとき、鳴りの善しあしが決まるので、子どもは念を入れて作るのだ。自分の手で作りあげた藁鉄砲で十日夜の晩は、各家の門口や庭を十日夜歌に合わせて、打ち歩くのである。

十日夜　十日夜
十日の晩にやぁ　寝らんねえ
朝ソバきりに
昼だんご

夕もち食っちゃあ
腹でえこ（太鼓）

藁鉄砲の異様な音は、夜の静けさを破って山深くにこだまする。藁鉄砲を打つと、その音でモグラが逃げ去り、その年麦が豊作になるのだという。大人は野良に出ての直接的な生産者。子どもは生活行事を通しての間接的な生産者。かつての共同体では、子どもの領域と大人の領域が、明確になって営まれていたのである。なんとすばらしいことだったのであろう。

子どもたちは、藁鉄砲が打ち終わると次の作業にとりかかる。地区の各家の甘ガキを無断拝借することなのだ。かつて、こんな風情は県下全域で行われていた。子どもたちは拝借したカキを、ほおばりながら次に戦争ごっことなる。子どもたちの夜のドラマは次々と展開されるのだ。かつては、こうしたことが反社会的なことでも、非行性でもなかったのだ。生活行事の時だけは、祖父の代もそして父も子も孫も行い公認だった。現代の管理社会では、子どものスポーツも、子ども会もすべて大人の管理下で行われている。

かつては、糸マリも凧（たこ）もコマも藁鉄砲もどんどん小屋も、すべて子どもが自分の手で作りあげた。そこには限りない創造性と思考性が培われていたにちがいない。こうした自分で創造する生活を通過して大人になった者は、きっと物を大事にする人にちがいない。今年の十日夜は十一月三十日。

（一九八七年十一月二十四日掲載）

酒井正保　さかい・まさやす

■略歴
埼玉県に生まれる。日本大学芸術学部音楽学科卒業
劇団バラ座で佐々木孝丸、千秋実両氏に師事
昭和24年より民俗調査に入る
町田佳聲《かしょう》氏、小泉文夫氏、松平頼則《よりつね》氏に師事
NHK前橋FMでレギュラーとして群馬の民俗を18年間連続放送
元日本大学芸術学部特別講義講師、高崎芸術短期大学教授
育英短期大学教授、群馬医療福祉大学講師、県文化財総合調査委員
群馬県ボランティア活動推進委員、高崎市人権教育講師

■主な著書
「群馬のわらべうた」（音楽之友社）
「日本の音楽教育」（音楽之友社）
「群馬郷土民謡集」（上毛新聞社）
「上州の民謡とわらべうた」（煥乎堂）
「日本の民謡集　関東編」（雄山閣）
「上州の民話」（未来社）
「埼玉・上州の民話」（ほるぷ社）
「上州路のむかしばなし」（あさを社）
「上州風土記　子どもの遊び」（あさを社）
「前橋昔がたり」（朝日印刷）
「新編　群馬の民話」（未来社）
「前橋とその周辺の民話」（朝日印刷）
「群馬のわらべ歌」（柳原書店）
「上州路の埋もれた民俗」（あさを社）
「民話・上州路の笑い話と怖い話」（あさを社）
「日本の民話　－群馬編－」（未来社）
「ぐんまの伝承わらべうた」（朝日印刷）
「上州最後のマタギたち」（朝日印刷）
「民話が語る上州の妖怪」（上武印刷）
「上州路の民謡を訪ねて」（上毛新聞社）
「榛名山東面の生活と文化を訪ねて」（上毛新聞社）上毛芸術文化賞・県文学賞受賞
「上州路の民話と諺・謎掛けの民俗を訪ねて」（上毛新聞社）
「上州路の民間医療と禁忌の民俗を訪ねて」（朝日印刷）
「群馬の伝承民謡とわらべうたの旅」（朝日印刷）
「上州路の伝承わらべうたの旅」（朝日印刷）
「上州の方言と妖怪の民俗を訪ねて」（上毛新聞社）
「心に残る上州の伝承民話を訪ねて」（上毛新聞社）
「この道は果てしなく　老老介護十余年」（上毛新聞社）
「人としての生き方を教えてくれた群馬の昔話」（上毛新聞社）
「知られざる上州の民俗を訪ねて」（上毛新聞社）　他

■論文
「乳幼児を持つ障害者の家庭教育」（文部省）
他15 編

■現住所
〒371-0805　群馬県前橋市南町三丁目74-15　　TEL 027-221-2469

知られざる上州の民俗を訪ねて

2024年4月25日発行

著　者　酒井　正保
発　行　上毛新聞社営業局出版編集部
群馬県前橋市古市町1-50-21
TEL 027-254-9966　FAX 027-254-9965

ISBN978-4-86352-350-0